朝鮮義勇隊

韓國學資料院

조선의용대[통신](朝鮮義勇隊)[通訊]

조선의용대[통신](朝鮮義勇隊通訊)

1939년 조선의용대 대본부에서 조선의용대의 공작과 활동을 다룬 회보. 기관지.

조선의용대 대본부가 발행한 간행물로, 총 42기가 발간되었으며, 43기부터는 '조선의용대'로 제목이 바뀌었다. 1기~27기는 순간(旬刊)으로 발간되었고, 28기부터는 반월간(半月刊)으로 발간되었지만, 그 뒤로는 사실상 월간 또는 부정기 간행물이 되었으며, 판매본으로 만들어졌다.

조선의용대통신은 계림에 도착하여 선전 공작을 진행하던 조선의용대 대본부가 한중간의 연합 항일 공작을 올바르게 전개하기 위한 문제를 토론하고, 업무상의 경험과 교훈을 서로 교환하면서 결점과 강점을 서로 비평하기 위하여 발간하였다.

조선의용대통신은 1938년부터 1942년까지 총 42기가 발간되었다. 창간호와 2호는 남아있지 않다. 3호~8기의 발행·통신처는 '광서성 계림시 계서로 신지서점(廣西省桂林市桂西路新知書店)'이고, 9기~22기의 그것은 '계림시 수동문외 동녕가1호(水東門外東寧街1號)'이며, 23기~33기는 '계림시 수동문외 시가원53호(施家園53號)'에서 발간되었다. 그 뒤 본부의 이동에 따라 34기는 중경(重慶)의 '양로구 중삼로63호 부호(兩路口中三路63號附號)'에서, 35기~42기는 '남안 탄자석 대불전(南岸彈子石大佛段)'에서 각각 발간되었다.

조선의용대통신에 게재된 글은 모두 486편인데, 추도 특집에 게재된 만사(輓詞)와 창설기념호에 게재된 휘호(揮毫)를 제외하면 372편이다. 이 가운데 정세분석을 다룬 글이 165편(44%)으로 가장 많고, 그 다음으로는 국제정세와 해방운동 일반, 한중연합문제, 중국전쟁상황, 일본침략정세와 일본국내 관련소식, 전방소식과 격려의 글 등이다.

집필자는 모두 113명이다. 그 가운데 이달(李達)이 가장 중요한 논객이면서 잡지 발간을 주도하였다. 그 외에 유금용(劉金鏞)과 왕계현(王繼賢)·한지성(韓志成)·이정호(李貞浩)·교시(喬矢)·윤위화(尹爲和) 등이 꾸준히 발간을 담당하면서 10차례 이상 원고를 게재하였다.

조선의용대통신의 내용은 4가지로 나눌 수 있다. 첫째, 조선의용대의 활동이 주로 게재되었다. 곧 제1구대의 최전방 활동과 제2구대, 제3구대 및 조선의용대 대본부의 활동상이 정리되어 있다. 둘째, 조선의용대의 활동을 격려하고 조언하는 중국인들의 글도 많이 실렸다. 그 가운데는 기념집회에서 연설한 내용을 옮긴 것도 있고 새로이 기명(記名)으로 투고한 것도 있다. 이 글 중에는 조선인의 처지를 동정하고 조선인의 저항운동을 찬양하는 글도 있고, 중국의 항전을 지원하고 있는 조선인과 조선의용대의 활동에 감사를 표하고 격려하는 글도 있다. 또한 대적(對敵) 선전의 방법 등 실무적인 내용의 글도 있다. 셋째, 조선의용대의 노선에 관련된 글들도 적지 않게 실렸다. 이를 통해서 계림시기에도 초기와 후기에 노선상의 변화가 있었음을 알 수 있다. 넷째, 목판화가 꾸준히 게재되었다. 목판화는 내용의 간결성과 선명성으로 인해 사람들에게 강렬한 인상을 주는데, 특히 계림에서는 항일운동의 주요한 도구가 되었다. 유명한 중국인 화가들의 목판화가 많이 실렸다.

朝鮮義勇[illegible]

兩週年紀念特刊

本期目次

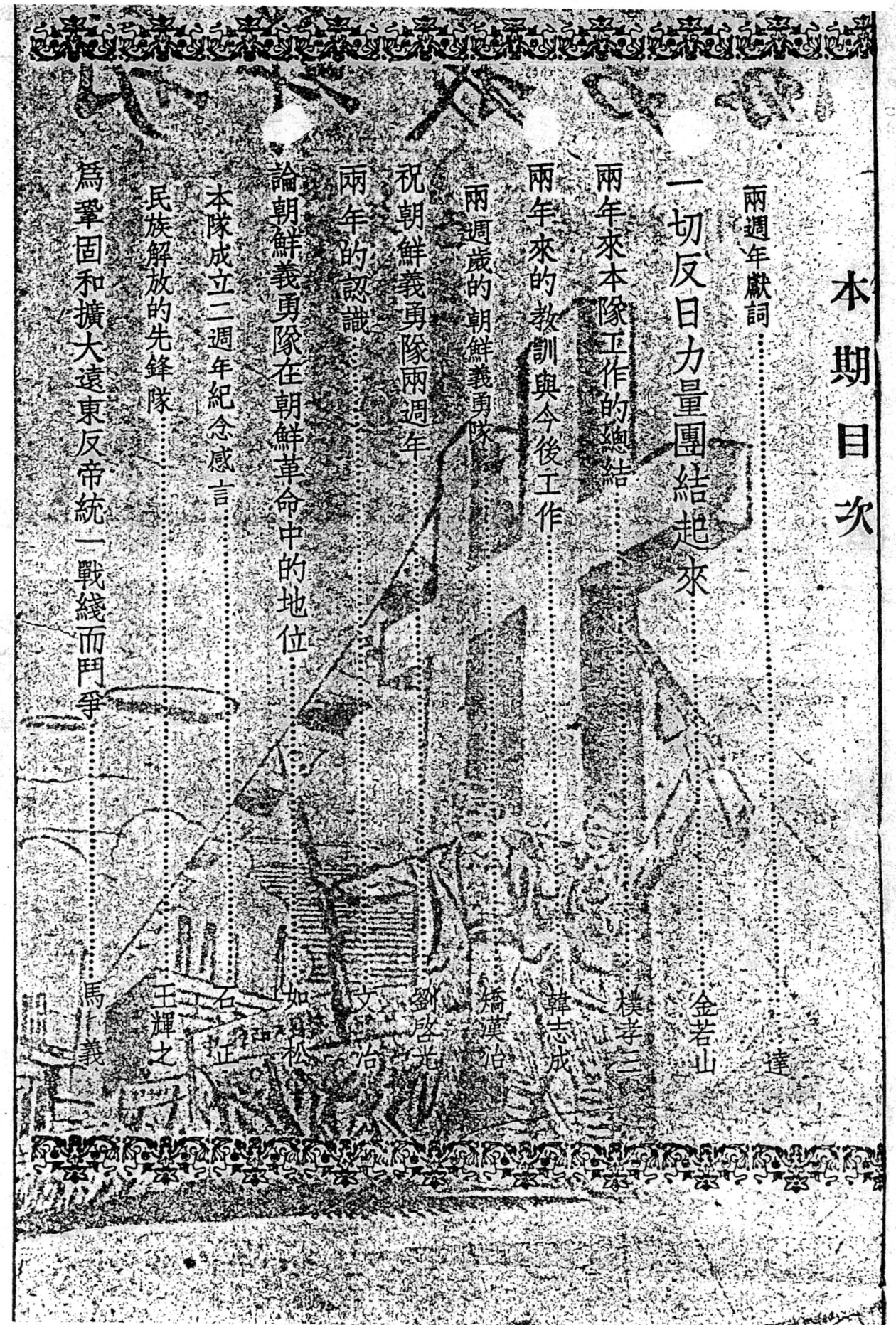

1

米林作

「又一排人投降去了」

黃茅作

兩週年獻詞

—達—

正在歐戰劇烈，敵人在中國的泥坪愈陷愈深，企圖加緊進行南進政策的時候，我們來紀念本隊成立二週年，其意義之重大，自不待言。

朝鮮義勇隊，是在中國抗戰中產生的一支國際隊伍，也是為祖國的獨立和解放而奮鬥的民族先鋒。今天，當我們紀念二週年的時候，回想在過去兩年中，做過些什麼工作，在工作上有些什麼缺[illegible]工作來看，我們在前線和敵後執行了對敵宣傳，這當中固有不少的缺點，但[illegible]來所得來的教訓與經驗，已經奠定了牢不可破的工作基礎，同時獲得了些微的成績。

朝鮮義勇隊這一面正義的旗子，已直接間接給予敵人以嚴重的打擊。去年在湘北，敵人以千元懸賞購緝朝鮮義勇隊隊員的頭，就是一個反證。朝鮮義勇隊的活動，給敵人是多麼可怕的恐懼。在另一方面朝鮮義勇隊的成立，對於中國軍民和世界正義人士以無限的興奮和鼓舞，而且給台灣民族與日本人民大衆很大的政治影響。至於說到我們對朝鮮同胞的動員工作，雖然還沒有做到圓滿的程度，但其基礎工作已日益展開。總之，我們在檢討兩年來的工作當中，發現了不少的缺點和弱點，但我們的革命精神卻是始終一貫的。

目前中國抗戰正是遭遇着空前困難的時期，在此，朝鮮義勇隊跟中國人民一樣，準備用最大的努力衝破目前的困難，深入的檢討我們的工作，號召全隊同志，迎接當前之緊急任務，這是紀念本隊成立二週年第一個重要意義。

過去兩年中，我們所担負着的以對敵宣傳為主要工作的時期已告一段落，而現在正進入第二期。在開始第二期的時候，世界情勢的變化造成了世界被壓迫民族爭取自由解放的有利條件，不僅是客觀情勢對我們如此，而且內部的一切條件也已成熟了，就是說現在我們的力量不是剛成立朝鮮義勇隊時那麼脆弱，我們在過去兩年的直接鬥爭當中，無論在質與量方面都堅強與長大起來了，這樣客觀情勢和內部條件很迫切的要求我們擴大朝鮮義勇隊。因此，在紀念本隊成立二週年的今天，要擴大我們的隊伍，增加抗敵力量。這是紀念本隊成立二週年的第二個重要意義。

無論對敵宣傳或對敵作戰，我們絕對需要武裝。朝鮮義勇隊本身，不僅是朝鮮革命的武裝隊伍，而且即使仍做對敵宣傳工作也非武裝不可，因為「宣傳卽是戰鬥」，這是我們在戰鬥中發現了的一個原理，對敵宣傳只有配合戰鬥才能獲得工作的最高效率。我們要在工作中戰鬥中奪取敵人的武器來武裝我們自己，我們更希望中國當局更多的援助我們，建立武裝部隊，把朝鮮義勇隊武裝化起來。這是紀念本隊二週年的第三個重要意義。

最後，我們急於解決的問題，就是敵後工作。自從中日戰爭以後，被迫來華的朝鮮同胞，其數可觀，僅在華北一帶移住者，已達十餘萬，除了少數民族敗類以外，都是可能成為朝鮮革命的巨大力量，我們要加緊進行敵後工作，爭取他們，以加強中國抗戰力量。這是紀念本隊成立二週年的第四個重要意義。

讓我們用以上所舉克服目前困難，擴大隊伍，爭取武裝，積極展開敵後工作，作為紀念朝鮮義勇隊成立二週年的最大任務吧！

一切反日力量團結起來

金若山

手足相衛

朝鮮義勇隊三週年紀念

蔣中正題

中國民族進行英勇的民族解放戰爭，已經三十八個月了，這三十八個月中，偉大的中華民族，發揚了高度的民族精神，創造了輝煌的戰績，樹立了勝利的堅實基礎，中國人民今日信心益堅，勇猛邁進！

全世界現在正瀰漫着滿天的烽火，已經有十萬萬以上的人日夜捲入戰爭，帝國主義者為了少數金融寡頭的利益，為了重分世界殖民地，進行野蠻的掠奪政策，把人類驅入了戰爭的深淵，我們今天正遭遇着人類歷史上空前的大災難，大破壞，然而也是一個空前的大變革時代，我們深信，今天的社會總給不合理的制度支配着，今天的世界雖然給烏煙瘴氣的火藥氣味籠罩着，但是人類的前途是無限光明的。掌握人類未來命運的只有人類自己，全世界最大多數的人民他們都正在逐漸的覺悟過來，挺起身來，準備結束帝國主義戰爭，扭轉戰爭的方向，用革命戰爭來結束帝國主義對全人類奴役的統治，在舊世界的廢墟上建立起全人類自由幸福的新天地。

不錯，帝國主義已經是垂死的，特別是日本帝國主義，在中國民族的猛擊下，已經喘不過氣來，然而，我們要知道，正因為帝國主義遭逢着最深刻的危機，正在臨死的前夕，因此他更加瘋狂，更要掙扎，日本帝國主義不是在作最後的狂炸中國大後方城市嗎？不是在採取恐怖手段壓迫中國人民投降嗎？不是在企圖進行新的軍事進攻嗎？不是在策劃南進嗎？不是在強化法西統治鎮壓國內人民嗎？我們不能一刻疏忽對敵人的警覺，勝利一天天接近着我們，同時更猛烈的鬥爭需要我們來迎接他，更艱苦的任務也需要我們負担起來。

偉大的中國抗戰，不僅在中華民族的歷史上寫下了嶄新的一頁，而且他起了遠東被壓迫民族反帝鬥爭的主導作用，他鼓舞和激勵了遠東一切被壓迫民族者，認識了中國的鬥爭是他們要爭取自身解放的最好榜樣。他們熱烈的援助中國抗戰，參加中國抗戰，把中國抗戰的每個勝利，當作自己的勝利，「救中國就是救自己」，中國民族的事情，就是我們自己的事情。同時，在配合中國民族的鬥爭中，我們不斷的從鬥爭中團聚自己的力量，組織自己的力量，教育千百萬殖民地被壓迫的人民，鍛鍊和發展我們的革命隊伍，隨時準備緊急的戰鬥的動員，進行全面的武裝鬥爭，摧毀日寇在朝鮮及其他殖民地的統治。

朝鮮義勇隊轉戰於中國戰場上，已經整整兩年了，回溯兩年以來，不勝感奮交集，在前方，在後方，在敵後，我們朝鮮革命者與中國戰友攜着手共同作戰，同生死，共患難，親同手足，中國同胞對於我們朝鮮義勇隊愛護備至，獎掖有加，我們檢討兩年來的工作中，如果說是對中國抗戰勝有貢獻的話，這應該完全歸功於中韓民族親密團結的基礎上。

我們知道，朝鮮革命的勝利，依靠於三大革命力量的聯合，即關內的革命運動，東北的革命運動，與國內的革命運動，而在今天，無論那一方面，都圍繞着一個最主要的中心任務，這就是：幫助中國抗戰，參加中國抗戰，完成中國抗戰的勝利。

為什麼我們把參加中國抗戰作為我們目前鬥爭的行動方針呢？朝鮮是整個世界的一部份，與世界每個角落的革命鬥爭密切的聯系着——特別與中國革命運動的發展息息相關。中國抗戰是遠東反帝鬥爭最主要的一環，是反抗日本帝國主義的主力，這一個有四萬萬五千萬人口的偉大的中國民族革命的成敗，不能不對遠東乃至整個世界的局勢引起嚴重的變化。因此，毫無疑問，中國抗戰與遠東一切被壓迫民族解放的利益完全一致，中國抗戰起了遠東反帝鬥爭的主導作用，吹起了遠東被壓迫民族解放的號角，鼓動起他們的鬥爭情緒，增強了他們的勝利信心，推動他們更加團結，認識自己解放的道路，幫助他們的革命運動更猛烈的展開。所以說，中國抗戰是遠東反帝鬥爭最主要的一環，只有正確的把握這一環，集中一切反日力量，才能有力的擊潰敵人，這是一切遠東被壓迫民族爭取共同解放唯一正確的道路。正因為如此，中國抗戰一開始，我們朝鮮革命者就以狂熱的姿態迎接和參加了中國抗戰。

在今天，不可否認的，我們關內的革命運動中還存在着一些嚴重的弱點，特別是我們本身的團結，許多中國友人用高度的熱情關心着和期望着我們，我們深深的感謝這種督責。我們可以告慰中國友人，我們一定不致辜負你們的好意，朝鮮革命運動的團結充滿着光明的前途。過去我們的團結不夠，其原因有三：一、關內革命運動不能與朝鮮群衆取得密切聯系，二、各個團體政治素養的不夠，三、缺乏生動的鬥爭和具體的工作。有人說朝鮮人不能團結，這是錯誤的，朝鮮民族的團結在朝鮮革命歷史中有着光榮的傳統，一九二四年在朝鮮成立的勞農總同盟，參加者有十二萬五千人，全鮮均有支部。又同時成立的青年總同盟，有會員三萬五千人，一九二七年組織的新幹會會員達三萬人，領導了一一、三光州學生事件的全國的大示威及以後元山釜山的總罷工，用州的農民大暴動，這一切都是朝鮮民族團結的模範例子。在今天的東北，還正活躍着數萬朝鮮革命軍，即以國內來說

朝鮮義勇隊二週年
紀念專刊
發揚民族正義的
鐵拳打倒日本
帝國主義
白崇禧

朝鮮義勇隊成立二週年紀念

為民族奮鬥
具鐵血精神

劉建國敬題

，除了極少數「團結清談家」以外，絕大多數的朝鮮革命青年，都已經團結在朝鮮義勇隊的旗幟下，有誰能說朝鮮民族不能團結呢？當然，我們所主張的團結與那些「團結清談家」所夢想的是有原則的區別的，我們認為必須從革命中從鬥爭中求得團結，求得實際上的團結，而不僅是形式上的團結，但是那些「團結清談家」們卻不願這樣做。

我們團結的方向，絕不是那些關在辦公室裏喊出滿口「統一」「團結」漂亮的名詞，也不是用政客式的拉攏請客手段，我們必須深入到朝鮮群眾中去，首先爭取在中國的一百多萬的朝鮮移民，把他們團結起來，武裝起來，成為一支戰鬥的力量，只有這樣，才能對中國抗戰有更大的和切實的幫助。我們相信，必須首先鞏固朝鮮民族內部的團結，更進而與英勇抗戰的中國同胞，一切在日寇奴役下的殖民地民族們，在日寇虎視下的南洋弱小民族們，在日本帝國主義壓迫下的國內人民們，一切反日的力量更親密的團結起來，更緊緊的拉起手來。

朝鮮人民今天正在迴溯數十年來寶貴的革命經驗，許多朝鮮革命者正在中國戰場上磨鍊着，歷史的試煉是無情的，堅苦的鬥爭，暴露了我們許多缺點，一切真正精忠為國忠實於民族利益的革命者，在鬥爭中鍛鍊得更堅強了，而同時也出現了少數的民族敗類，分派主義者，他們有意無意的破壞民族團結，或者要想坐待革命的果實，這些反革命的份子，將一定會在革命的浪潮中沖洗出去，而使朝鮮革命向前發展，展開朝鮮革命全面的鬥爭，爭取朝鮮革命的勝利。

向敵後進軍

馬義

敵人今天在其佔領區正進行大規模的移民政策，據統計，被敵人強迫移進華北的朝鮮人已達二十萬人左右，傳敵人將繼續移朝鮮人七十萬來華，目前在中國的全部朝鮮人，包括東北，華北，華中，華南在內，已經有一百五十萬人左右，敵人企圖利用移民政策以幫助推進其南的佔領，企圖利用「以韓制華」的陰謀，以離間中韓民族的團結，這手段是異常毒辣的。

擺在在華朝鮮革命者面前的緊急任務便是：打擊敵人的陰謀，粉碎敵人的陰謀，爭取敵區廣大的朝鮮移民參加革命，向敵區的朝鮮人指出日本帝國主義的欺騙陰謀，發動和組織廣大的朝鮮移民進行敵後的反日鬥爭。

擺在朝鮮義勇隊面前的緊急任務便是：深入敵後，團結廣大的朝鮮群眾，武裝廣大的朝鮮群眾，把朝鮮義勇隊擴大為朝鮮革命軍，從朝鮮民族解放的先鋒隊變成為朝鮮群眾的革命隊伍。

在華朝鮮革命者的工作重心是在敵後，必須用千百倍的努力，艱苦的鬥爭，從敵人手中把敵區的朝鮮群眾拖過來，生動的鬥爭和偉大的勝利將在敵後創造出來。

向敵後進軍

馬義

兩年來本隊工作的總結

樸孝三

一、緒言

兩年了！朝鮮義勇隊戰鬬在中國抗日的戰場上，表現出堅強英挺，不屈不撓的姿態。她是國際縱隊的先鋒隊；中國抗日戰爭中一支最可靠的友軍；在華朝鮮革命運動最重要的實踐部門。兩年來，在執行這些任務上，他都盡到了很大的努力，創造出光輝燦爛的成績。並且在不斷的戰鬥中，實踐的經驗教訓上，他克服了許許多多意料到與未意料到的困難，而發展壯大了他自己。

在第一年工作的基礎上，我們展開了第二年的工作。而由於第一年工作基礎打的穩固，我們在第二年工作中能夠順利的前進。但這並不是說我們的工作已經夠了，相反的，正因為我們任務的艱巨，我們距勝利的境地還遠。尤其是在目前國際形勢激劇變化，中國抗戰愈形堅強，和日寇急圖最後一逞的時候，我們要以必勝的信心，更大的努力，來作決死的奮鬥。

在紀念本隊成立二週年的今天，我們特別需要將過去工作作一番總結的檢討。

二、第一年工作檢討及第二年工作的主要方向

本隊成立之初，我們全體同志一致喊出了三個口號：一、動員所有在華朝鮮革命力量，參加中國抗戰。二、爭取日本廣大的軍民，發動東方各弱小民族，共同打倒日本軍閥。三、推進朝鮮革命運動，爭取朝鮮民族

朝鮮義勇隊兩週年紀念

復國先鋒

陳銘樞敬贈

的自由解放。這三個口號亦就是本隊的整個工作目標。在第一年中，我們作為實踐這目標的主要工作，除對敵宣傳外，還有一般對民工作，國際宣傳，教育俘虜，翻譯敵人文件等等。

1. 對敵宣傳，對這一工作，我們同志不僅具備着優越技術，而且還有着高度的興趣。一開始工作，他們便冒着敵人熾烈的砲火，在敵後或者兩軍對峙的第一線陣地展開活動。他們分成了陣地宣傳隊，與游擊宣傳隊，爬到戰壕內高喊日語口號，附近敵人鐵絲網去散發標語傳單。有一次，在鄂北戰場上，我們同志在距敵人八十公尺的地方，高樹起一幅五尺寬丈餘長的白布旗子，寫着日語「日本弟兄！我們共同敵人是日本軍閥」。又一個夜間，一位同志在距敵人最近的戰壕內，高聲作日語演講，意外的竟有敵兵出來答話，於是展開了一幕火線上的辯論會，這個辯論會延長四個夜晚，一時流為美談。在湘北戰場上，有一次我們同志參加雞公橋的襲擊戰，在戰鬥間斷中做對敵宣傳，收到了美滿的結果。另外

，如用紙彈散傳單等等不勝枚舉。而為了廣汎的展開工作，在五戰區的工作同志，辦了一個訓練所，訓練了數百名對敵宣傳幹部。這些工作都收到了良好效果，因此，亦更加強了我們用紙彈瓦解敵軍的信心。

2. 一般軍民工作。我們素來非常注意這一工作，因為它與對敵宣傳有着不可分的密切關係。在軍隊裏我們鞏固了軍政工作者，在生活上與士兵同甘苦，在工作上常常同士兵們開同樂會討論會，在戰鬥中亦從不萎縮，每一次都是站到最前面，所以士兵們對我們非常敬仰與愛護。在民衆工作方面，我們通過了保甲長，聯保主任，常常同民衆接近，給他們講解各種問題，解決種種困難，我們有時完全成了軍民合作的橋樑。並且，創立了許多戰地民衆小學，教育戰地失學兒童。這一點，民衆尤其感激我們。

這樣，我們足跡所到的地方，中國士兵和民衆都熱烈的歡迎。中韓兩民族聯合的精神，更加深入更加發揚了。

3. 教養俘虜。第五戰區同志曾委托教養了三十多名俘虜，其中成績最好者六名，都參加了我們工作。他們很努力，常常參加各種大會，作反戰演說，給予中國軍民莫大的激勵。在其他地方，亦常派人去參加俘虜教養訓練工作，結果都還不壞。

尤其值得稱述的，有××個被俘朝鮮同胞，曾在我們訓練之後，得了解放，參加了我們的隊伍。他們都是熱情青年，對日本帝國主義的仇恨很深，稍經訓練便成了反日的優秀青年，這尤其給了我們爭取敵後朝鮮同胞一個莫大的激動。

4. 國際宣傳。我們曾從事各種國際宣傳，使全世界愛好和平的人們，知道中國是為正義而戰，使他們知道在日本帝國主義壓迫下的朝鮮民族都站起來了。這工作亦得到了很好的反響，首先在美韓僑響應了，他們組織了朝鮮義勇隊後援會，盡他們力量所及，來幫助中國抗戰與朝鮮義勇隊。另外，使我們興奮的，台灣義勇隊亦已經組織起來，舉出了正義的旗子，與我們攜手並進。

以上都是使我們滿意的。第一年工作中我們不僅收到這些光輝的成果，而且還發展擴大了我們本身。我們的政治意識提高了，工作技術增進了，組織加強了，信心更堅定了。這一切都是為着將來的工作，造成了客觀上有利的動力。

但是在第一年工作中，亦並不是盡善盡美，我們亦正有着許多缺點呢！

首先：工作過於分散，縱橫的連絡太不靈活，以致減少了工作效能。其次：沒有訓練大批對敵宣傳幹部，亦影響了工作的發展。

再其次。沒有建立武裝部隊，以至工作上一直停留在低級階段上。

第四。淪陷區工作太不夠，不能爭取敵後朝鮮同胞，不能擴大我們的隊伍。

在第二年開始的時候，我們正確地認識了這些優點與缺點。並且在發揚優點與彌補缺點的大前提下，規定了第二年的主要工作方向。

1. 繼續並發揚第一年的各種工作。

2. 向淪陷區開展。淪陷區是朝鮮義勇隊的生命源泉。今後我們隊伍是否能夠擴大，我們力量是否能夠加強，我們工作是否能夠大大的開展，全要看淪陷區工作進行的程度如何而定。現在在敵後各地被日本軍閥驅來了大批朝鮮同胞，據可靠統計，僅華北各地就在十萬人以上。他們都是久在日本軍閥鐵蹄壓迫與剝削下的痛苦人民，他們亦同其他被壓迫人民一樣，有着一顆復仇的與爭取光明的心。假使我們能把他們爭取過來，給以相當的訓練，一定能够把他們變成反日戰爭中堅強的戰鬥員，又假如我們能利用這種力量在華北建立起鬥爭的根據地，進而與東北朝鮮武裝部隊取得聯合，整個朝鮮革命運動亦要進入一個新的階段了。

3.建立武裝隊伍。過去的經驗告訴我們，對敵宣傳者，同時亦必須就是一個戰鬥員。他必須一手持傳單，又必需一手持槍。因為他經常與敵人接觸，隨時隨地都有無謂犧牲的危險。過去我們就常遇到這種情形。並且因為沒有武裝，不知道錯過了多少良好的對敵宣傳機會。尤其是我們今後要在敵後發展，一定要武裝起來，一方面組織武裝宣傳隊，配合游擊隊實施對敵宣傳工作。一方面展開武裝的戰鬥，在戰鬥中爭取朝鮮同胞，在戰鬥中建立根據地，在戰鬥中打擊敵人，並且在不斷的戰鬥與發展中，樹立朝鮮革命軍的基幹。

復仇九世義著春秋偉哉
多士智勇畢備冀予故封實
吾樓德礪砥相期金石同永
朝鮮義勇隊四周年紀念
劉峙敬題

三、第二年工作的一斑

1.對敵宣傳。

A.參加湘北大戰。去年九月間，敵軍在粵漢路北段集結了十餘萬兵力，企圖一戰而取長沙的時候，湘北大會戰便展開了。那時我們第一區隊剛由前線歸來，集中在瀏陽工作，當敵人節節向長沙迫近，其先頭部隊抵達長沙的咽喉「黃花市」的時候，該方面原有的軍政各機關，政工隊等悉數他移，只有一部分警備部隊担任警戒，我們認為這是一個對敵宣傳的良好機會，便迅捷地散佈到長沙市近郊及附近各地工作；而首先趕到此地工作的只有我們這一支隊，我們同志都提着心勁，不分日夜的工作着，數日的工作，在長沙，黃花市，永安市附近各地便佈滿了對敵宣傳的標語與傳單。這些無形炸彈，畢竟要在敵兵心裏起着一些反響。

B.桂南戰線上。在保衛大西南的呼聲中，我們派遣了一個分隊，參加桂林各團體組織的「南路工作隊」，担任其中對敵宣傳工作。

去年十二月八日，我們——派遣分隊隨着南路工作隊到了柳州，在那裏，展開了「保衛西南擴大軍人服務運動」，工作兩日，使柳州市呈現了更活躍緊張的姿態，以後前進到遷江，在該處蒙最高指揮官給予我們詳細指示，除派我們到機械化部隊×軍工作，隨行時，白主任特地送給二架播音機。

我們參加了偉大的崑崙關爭奪戰，在工作的第五日，某師英勇的弟兄們，奪取了崑崙關外圍最重要的據點，敵人被迫退後一千公尺，在這樣情况之下，對敵工作最為有利，是日午後就在各種火力掩護之下，携帶播音機開始了工作，經二千餘公尺的大半圓內，都可以清晰的聽到我們的話，首先我們向我們的將士做了一個簡單的說明，他們都停止了射擊，接着開始向日軍廣播了，我們喊着：「日本的弟兄！中國人民不是你們的敵人，你們的敵人是壓迫你們的軍閥，反對與你們無益的侵略戰爭吧……日本弟兄們！你們被包圍了，四塘至八塘全被中國軍佔領了，你們的糧食彈藥無法補充了，趕快過來吧！我們歡迎你們過來；中國軍絕對不殺害你們……」。敵陣內靜悄悄地，沒有回聲亦沒有槍聲。「你們聽到了吧！，今天晚上好好想一想，我們的話對不對，明日再會吧！你們最忠實的朋友，敬禮」。在夜十時，我們結束了這次工作。

一個月中，艱苦鬪的爭奪戰，勝利的結束了。敵人向九塘撤退，我軍繼續擴大戰果，這恰恰是元旦前日，我們又攜着那副播音機跑到××師陣地之四四二高地。他們特別以明天元旦日作題材，向敵人喊：「明天是元旦，是你們參戰來華第三個元旦，日本軍閥騙了你們，你們那一個元旦才能夠回去呢？不要做夢了吧，家中的父母妻子在苦待着你們，愈是在這個美節，他們亦愈是苦痛呀……」夜深之下，萬籟俱寂，最容易挑起敵兵思鄉心情，我們的話更作了敵人思鄉的火線。接着，我們在播音機中播出了幾曲口琴，並且高唱日本流行的民歌，這種犀利的武器，很够敵人招架了。

C. 江西敵軍厭戰。本年初，我們第三區隊全體同志由衡陽出發，步行八百里，踏上了江西的戰場。

高郵是錦河下游一個重要據點，在這裏，××軍已經與敵人對峙了一年多，而自三月起，亦就成了我們三區隊同志的活動場所。我們在錦河南岸，與北岸敵人相隔百米左右，一到夜晚，在靜靜的錦河上，到處泛着我們的正義的呼聲。

我們的武器，只是幾個洋鐵片製的喇叭筒。最初向敵人喊話時，敵人放鎗擾亂，但經過了一個時期後，我們的工作收到了非常圓滿的效果，那些都是在第一年中所未見到的。雖然這些現象還沒有普遍到整個戰場上，但誰能否認這是整個中已經表現出來的一部分呢？

在河北岸的敵人，與我們開始了友誼的來往，我們講話的時候，要求他們不要放槍，他們就停止射擊，並且放兩鎗表示會意了。同樣在我們講完話時，他們亦放兩聲槍表示聽到了。

有一次，我們李同志在喻家渡附近，向敵人唱了一個日本流行小調「東京姑娘」，想不到敵陣內竟喊出了一聲「好」，再唱一個，李同志無條件的接受了，又唱了一曲「思故鄉」。並趁着這個好機會，接着說：「你們究竟為誰在過這陣地上悽慘的痛苦的生活呢？春天來了，你們軍閥正在狂歡，正拉着妓太太賞櫻花呢！你們的父母妻子亦在櫻花樹下流着傷心的淚……」，敵兵打斷了李同志的話「不要說那些吧」！停了一會，李同志沉重的說：「你們要想幸福地生活，只有反戰，只有重新改造一個真正民主的國家，……」「對了，對了，」這又是意外，敵兵講的是剛學會的中國話。

又一次，文，朴二同志約了三營副營長，八連連長與王指導員一同到會家嶺去喊話。首先要求敵人不要放槍，並希望他們出來談話，他們照例地答應了，有二十多名站出了戰壕，而且是那樣安然與平淡的樣子。有一個敵兵問道：「你們隊是日本人嗎？」文同志馬上回答：「我不是日本人，但我們隊伍裏日本弟兄正不少哩！他們是為了反對無意義的侵略戰爭過來的，他們與你們一樣是被徵來的善良的人民，你們就不愛和平嗎？你們不願意回家嗎？你們如果退出中國土地，和平必定可以得到。不然，現在已打了三年，再打上三年，戰爭還是不會結束的，你們真的不討厭嗎」？「雖然討厭，但命令要服從的」。一個敵兵剛說完，便接着一陣罵聲，一個猙獰的敵軍官探出了鼠頭。向着這邊打了兩槍，幸而都有防備，他亦無可奈何。

我們同志與敵人建立了密切的友誼，終於達到了不用一槍一彈擊敗敵人的目的。四月間，我軍出擊高郵市，敵守軍立刻不戰退去了。退時，他們的槍是向天上放的，砲彈過來不炸，原來他們預先取下了信管。

D.暢談在鄂西烏龜山。第二區隊同志在×戰區工作了一年多，留下了許多可歌可泣的奇功。到去年底才分成四個單位，更廣泛地向其他地方推展工作，留在原來陣地上的是一個參加着四位日本同志的特種分隊。這些同志流動着在戰場上每個角落散傳單，喊口號。最有趣的是在烏龜山與敵兵的談話。烏龜山陣地是中國英勇將士在一個月前打退了敵十三師團山本旅團的守軍，而奪回來的。在一個大雪後嚴寒的下午，我們胡同志與日本反戰志士伊滕進冒着刺骨的北風，在友軍掩護之下進入山麓的第一線陣地。他們首先發動了攻勢：「喂！日本弟兄們！你們那裏有沒有新潟縣新發田人（山本旅團大部是該地人）。上次長崙激戰你們犧牲了兩千多個弟兄，有一百五十多個屍體被你們士官遺棄了，這是多麼可憐呀！現在我們已經完全埋葬好了：你們回去後，向他們父母妻兒說一聲，他們在我們保護下安然的睡着了」。沉痛的話句被北風傳播着，靜了約！分鐘，模糊地從敵人那邊飄來了一些呼聲：「喂，聽不清，聲音大些，講慢些」。胡同志非常興奮，乾脆站起來放大喉嚨喊：「日本朋友！你們爲誰死在這淒涼的戰場上呢？你們如果真正爲了國家，應當反轉槍口消滅欺騙你們，把你們國家孤注一擲的軍閥財閥！，你們

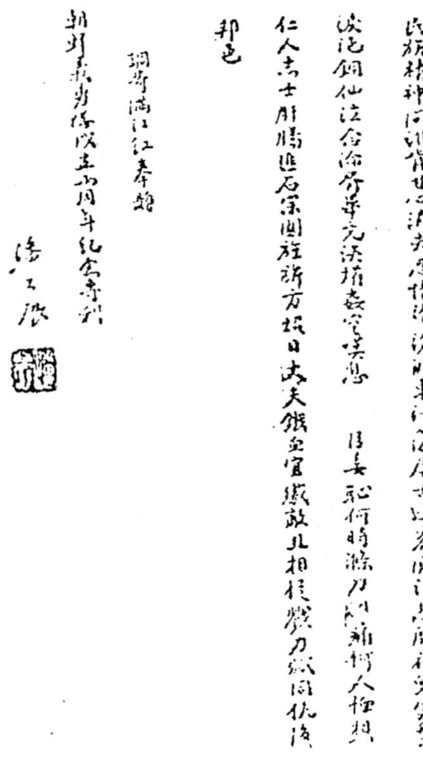

回頭愈早，對你們愈有利呀……」這樣暢談了一個鐘頭，在最後又聽到片片斷斷的回答：「明天再會……常常來談……」。

敵人這樣親熱的招呼，這是過去少見的啊！

2. 敵後工作：敵後工作是我們第二年主要工作方向之一，爲了這個工作的重要和艱難，我們不能冒然去作，因此第二年中我們進行了許多重要的準備步驟，如工作統一，幹部的集中調練與學習，隊伍的北移（下面分節詳述）。下面所寫的敵後工作，這僅僅是我們局部的開始。

A, 參加豫北破路隊！去冬一個下午，第二區隊一部份同志在協助友軍作對敵宣傳的任務下，參加了新×軍××團的破路工作。大約在黃昏八時左右，我們的同志同××團的友軍在新鄉以北，平漢路上出現了。在五十里長的鐵路線上，友軍開始了破路工作，我們的同志忙着散佈所帶來的各種宣傳品。在一個短時間內，同志們將二千多張傳單，五十餘册告日本士兵書，很技巧的散完了，隨後便忙着幫助友軍破路。這時，敵人已經察覺了，一面用探照燈射，而機關槍，擲彈筒亦雨點般打過來。但終究被××團的優勢火力壓倒了。至九時左右，破路大致完畢。我們的同志與友軍安全歸來，這次收獲，計破壞鐵路五十華里，收割電線五十餘斤，散發對敵宣傳品，有傳單三千餘張，告日本士兵書二百册。

我們在豫北敵後工作，收到了很好的效果，有一次戰鬥後

，在敵屍中發現了有二十多名的衣袋中藏着我們散發的傳單，那傳單後面都印着通行證。這是可以說明一部份敵兵的確想到我們這邊來。還有一次，有十五名朝鮮青年來到我們傳單後，自動地跑到××軍投効，聲明願意參加朝鮮義勇隊。

B.西山游擊：西山在南昌附近，很適合游擊的活動。當××師的一部份友軍進該地游擊敵人時，第三區隊便分出一個分隊去參加。

我們在那邊工作了四十天，尤其是何同志深入南昌等地，作了一次詳細調查，搜集了許多敵人暴行的材料，特別是揭破了敵人在江西戰場上製造謠言離間中韓民族的陰謀。

C.中條山戰鬪：我們有××同志在那邊工作，他們經常扛着機槍，背着手溜彈同中國士兵一道參加戰鬥，在戰鬥的間隙時，他們便乘機高聲向敵人喊話，有時直接參加游擊隊襲擊敵人，將宣傳品投進敵人的宿營地。

有一次×個同志同中國弟兄，深入敵人防　宣傳，突然被一小隊敵兵包圍了，但是他們不但不怕並與敵人開始了肉搏。我們的同志大部受過充分的軍事訓練，對於作戰有相當經驗，把敵兵包圍了一天，並進行說服工作。

3.一般軍民合作：士兵與民衆是我們在工作中不可缺少的兩個重要因素，它不但有着掩護的作用，而且可以給予我們很大的幫助，所以我們一向對於這兩種工作特別重視，希望與他們能建立親密的感情，和工作上的聯繫，更進而求得中韓兩民族的友愛。

下面，略舉出幾個實例：

A.軍隊的軍民大會：時候是一個「惠風和暢」的春天，第二區隊特縱分隊經過兩天的徒步行軍，由樊城到了鄂北重鎮的棗陽。他們首先拜訪了××集團軍總司令，在司令部受到了熱烈的歡迎，回來後又接到司令部一封公函，內中約定由件事，一件是六日××集團軍司令部為他們開歡迎大會，一件是請他們多做些民衆動員工作。

歡迎會開過之後，他們即忙着進行民衆動員工作，如街頭演講啦，出壁報啦，——但他們感到這些工作方式太平凡，而且不夠深入，於是大家便議決籌備一次軍民聯歡大會，並準備在大會上，演出一個獨幕劇「汪精衛」。因為那時汪派漢奸剛出演了傀儡戲登台，而敵人亦方在進行着政治進攻的陰謀。所以在那時以「汪精衛」為題材來暴露敵偽的奸謀詭計，是非常有意義的。

自從他們在這一帶工作後，棗陽男女老幼都傳誦着朝鮮義勇隊參加中國　戰的消息，他們都有一個深刻的印象「朝鮮人是我們的好朋友」！

B.救濟難民：三區隊一分隊長李同志，於本年三月一日隨着出擊部隊到南昌附近的亨用街工作，在歸來的途中，遇到了八個難民，徘徊於一個村落的附近，於是一般人道友愛的熱情激動了他，他設法替他們解決了兩日的食宿問題，把他們送到新建縣縣政府。又一次他在夏家渡看到許多難民沒有飯吃，他便特別跑到軍部去交涉，結果得到八十餘斤，悉數分給夏家渡的難民們。因此，那一帶的許多民衆非常感激，並且常常找朝鮮義勇隊的同志幫他們解決各種困難。

C.軍隊政治工作：參加××軍工作的獨立分隊，在××軍向××地的行軍當中，因為精神食糧缺乏。獨立分隊的同志們見到這種情形，便向××師長商借了一架收音機，出版一張四開的油印報「革命的烽火」，三日出一期，內容着重於國內外重要消息的報導，敵情分析，與朝鮮革命運動之介紹，這個刊物出到三十餘期，最初每期出二百份，漸漸地增至五百份，而讀者還不斷地要求增加，顯然這個報是深受到官兵的歡迎的。

同時，獨立分隊並在×軍，組織了一個「對敵宣傳隊」，每團挑選十名幹練的士兵做隊員，由獨立分隊負責訓練，為期兩月，其中四十餘人成績極好，能做簡單的對敵喊話及標語，這樣他們在各部隊中，逐漸建立起了對敵宣傳的據點，所以軍民熱情的歡迎他們，在湖北在江西常常有縣政府或者部隊召開大會歡迎他們，高呼「歡迎為反侵略而鬪爭的朝鮮義勇隊」。

4. 新同志的增加：自朝鮮義勇隊執行對敵工作以來，從各戰場上爭取過來的和收編過來的新同志達五十餘，經過我們的訓練後，已編入第一二三兩區隊工作，數月來的工作，完全證實了他們的革命情緒非常高漲，工作能力亦強，他們已變成了堅強的幹部，又目前正在訓練着的數十名新同志，不久亦可參加本隊。

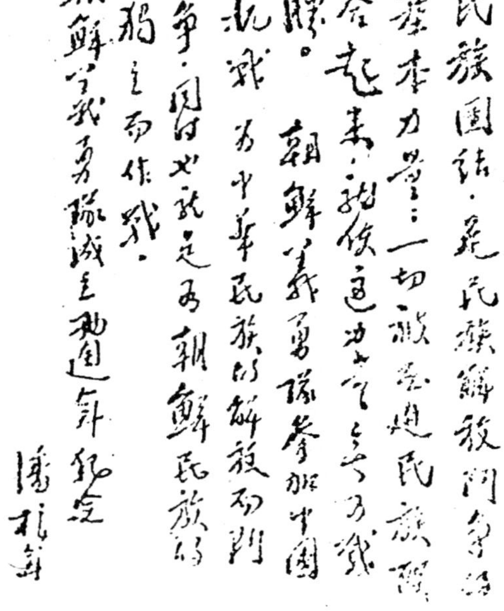

5. 隨着我們工作的發展與力量的增大，僑居美洲的朝鮮同胞，先後的組織了朝鮮義勇隊後援會，積極援助朝鮮義勇隊及中國抗戰，曾有數次的物質及精神上的援助，在該會主持之下，曾在紐約舉行了反日及排日貨示威運動。最近所有各洲的後援會已成立統一組織。

6. 集中訓練與學習：為了使工作效能不斷的增高，需要不斷的來提高我們本身的政治認識與技能，尤其是在開展新工作的當中，更需要我們來充實自己，本年內我們曾利用夏季一部分時間，以區隊為單位，分別在吉安，桂林，衡陽，老河口，洛陽各地集中訓練，採用自我教育的辦法，如各種學術研究會，工作檢討會等。

7. 工作的統一和政治的統一：我們要完成這困難的工作，要確保工作的勝利，沒有力量的集中是不可能的，要做到這一點，必須有政治上統一的組織和鞏固的團結，在第二年，在統一的策略和同一的工作中，促成了各黨派共同要求的工作統一，再進而完成政治上的統一，本隊第一區隊北上後，將與該處的部隊合併，江南的第三區隊亦正向北方集結中，俾能在工作中互相瞭解，互相幫助，共策共勵，進而促成整個政治的統一。

8. 其他：在戰區各級指揮部翻譯敵人文件，審問俘虜，訓練俘虜，並教授日語及敵情研究等工作，並出版中韓文各種刊物，每星期担任長短波廣播，向各通信社，報紙雜誌介紹稿件等，將本隊工作向外報導，但是還做的，因為種種關係，我們所計劃的英文刊物尚未出版，而減少了我們向國際宣傳的效果。

四、結論

在第二年開始的時候，我們曾規定了三個工作方面，然而我們第二年工作中究竟做了多少？還有那些做的不够？這是需要在下面來檢討的。

1.在第二年工作方面：由於我們大部分同志長時期的集中訓練與移動，一般的說，不如第一年的工作成績，但是在工作收獲上，卻得到了進一步的發展，在第一年中，我們對敵宣傳所得到的反響最多，敵人能夠給我們答話，然而今年不同了，敵人已經更易接受我們的宣傳。

2.在淪陷區工作方面，我們還沒有照預定計劃展開工作，然而，我們已經開始了許多必要的準備步驟與初步工作，雖然還在開始，只要我們今後努力：前途定可樂觀。

3.在建立武裝部隊方面，這一年內，也沒有多進展，原因是必須獲得中國政府的同意與幫助，現在這一問題在繼續商榷中，我們相信中國政府一定會給我們以援助和支持的。

4.工作的統一和政治的統一：由于工作中的教訓，使我們都共同認識到有更加統一團結的必要，在這一年中，我們的統一已經有很大的進步了，我們今天正由工作中的統一，進入政治上的統一。

我們工作中的缺點很多，我們希望中國友人經常給我們寶貴的指教，使我們更加壯大起來。

○　○　○

兩年的認識

文治

兩年來，朝鮮義勇隊的成就不少，但是尚未至理想的境地，決不可以此自滿，以這時期每位同志革命意志的堅決，犧牲精神的發揮，以及中國軍民對他的鼓勵，全世界人士寄與的同情而言，我們今天應該還有更大的成就，可是事實上卻不然，這在工作的範圍以內，已足夠可自慚的！何況本隊參加中國抗戰僅是一種手段，加速抗戰勝利，以圖朝鮮復國才是我們革命的最後目的，所以我們的使命是極遠大的，我們的奮鬥更是極堅苦的，雖然中國抗戰勝利以後，朝鮮革命也就近乎成功，因此現階段革命的手段，已與目的成為一致，就是說，參加中國抗戰，就是在進行朝鮮革命；但是我們距離獨立民主的理想境地，到底還太遼遠，目前的成就，實在微乎其微，必須加速邁進才可，所以過去兩年的進展來看，進步中不免有倒退的現象，發展還嫌遲之不速，當然更不可以此自滿，而務必力求改進的，不過成功的也好，失敗的也好，過去究已成為過去，固不可自驕，也無須氣餒，我們現在着重的，倒是要根據過去的認識，研討並實施今後的工作，務使朝鮮義勇隊自第三年度開始，能夠一往直前，突飛猛進，在這裏我得提出幾個基本的問題，來請同志們大家商討一下：

第一是中韓兩民族合作的問題，這本來是不成為問題的，但也許還有少數的同志，對此認識不清，把握不定，因此發生了許多不必要的心理，直接影響本隊的工作，間接妨礙朝鮮革命與中韓合作的前途，所以有重加申論的必要，地理上，朝鮮處在中蘇日三國之間，三面環海，一面帶陸，宛如中國大陸伸向太平洋中的一隻臂膀，她一方面是中國東北的門戶，另一方面又是中蘇日尤其是中日兩國之間一切活動的橋樑；所以她全境的面積，雖然並不大，但其在東亞所處的地位，則極為重要，尤其對中國，保有非常密切的關係，不但同文同種，即使連一般風俗習慣，也莫不相同，歷史上兩國之間，儘管有過不少次的爭伐侵併，對於第三國的戰爭中，也有過不少次的分離結合，但這結果惟有證明一點，就是中韓兩民族合作，則共存共榮，不合作則日趨衰亡，所以中韓自被稱為兄弟之邦，有唇齒相輔，手足相依的關係，遠的不說，就拿最近半世紀的變化來看，那麼清廷末年，中國因為本身腐敗無力，不能救人之急，同時朝鮮內部又現了奸人，害國害民，乃使朝鮮淪為敵人侵吞滅亡，這在朝鮮民族，固然是不幸，對于中國，也是近幾十年來，遭人欺凌壓迫，幾至滅亡的禍根，因為敵人侵略中國，是以併吞朝鮮開始，它得到了朝鮮，就等于海盜爬上了岸，以後就可大踏步的橫行不法了，假使當初清廷末年沒有那樣腐敗，而能幫助朝鮮保衛國土，將敵人永遠拒之三島，那麼今日的朝鮮，固然不會亡國，就是中國也何至受敵侵害若斯，由此可以知道，中韓兩國生存關係的密切，這關係是自然並且永遠存在着的，所以朝鮮的革命者，應該清楚的認識堅定的把握這一點，這樣才能永遠保持着正確的革命道路。

（未完）

兩週歲的朝鮮義勇隊

矯淡治

今天剛好是朝鮮義勇隊成立兩週年紀念日，在這兩年義勇隊英勇奮鬥的過程中，經過了無數的洶湧波濤和險阻；可是，這些波濤險阻並不能妨礙他的活躍與發展。

我們在鄂中，在湘北，在桂南各戰場上，都能夠看得到他們偉大工作的足跡，建樹了轟轟烈烈的榮譽的戰功，茲就紀念義勇隊成立第二週年的機會，特向義勇隊全體同志致崇高的革命敬禮。

我們知道現在是中國抗戰的第四年，亦就是我們的革命戰爭接近最後勝利的階段，勝利的時日愈接近，則我們所遭遇的困難亦愈多，這些不可避免的，是革命事業過程中必須的磨折。

這次中國的抗戰，是弱小民族求獨立生存的戰爭，是公理正義和強權的搏鬥，是三民主義和日本帝國主義侵略作最後的總結算，在這個偉大的中華民族改造進行時代，他的推動和發展的威力，足以摧毀任何與革命為敵的惡勢力，處此世界劇變的環境中，自然會產生慷慨激昂之士，擔任民族解放的先鋒隊、踏着先烈碧血染成的道路，作壯烈的犧

二年來的教訓與今後的工作

韓志成

一、今後工作方向的再商榷

關于今後工作方向，已經在「朝鮮義勇隊」第三十四期及其他各報上發表過幾篇文章，然而今天還要提出這個問題來討論，這並不是因為迎接本隊成立兩週年的應景文章，而是實際上我們義勇隊的工作，應該總結一下，踏進另一個階段，第三年的工作是要在這新的基礎上發展下去，所以還是要繼續討論這個問題。

東亞之不安定世界之不和平由於被壓迫人類之未聯合侵略暴力之未打倒努力努力再努力革命的戰鬥必須貫澈

國土之未復國仇之未報由於革命力量之未集中團結團結再團結革命的陣營必須鞏固

革命的戰鬥之不能貫澈革命的力量之不能集中由於革命方法之不夠適應學習學習再學習革命的工作必須進步

朝鮮義勇隊成立兩周年獻詞

王崐崙敬致

二、二年來的教訓與我們的準備

自從朝鮮義勇隊成立以來，我們在前線，在敵後，向敵人喊口號，演講，散發傳單，探知敵情，發動民衆，破壞敵交通，教育對敵工作幹部等。這些工作中，我們得到了什麼教訓呢！重要的教訓可以舉出四點：

第一個教訓：與軍隊沒有完全配合起來。對敵宣傳工作是中國抗戰中整個政治工作中的一部份，必需要由全體指揮官全體戰鬥員及全體政工人員，大家共同努力，才能得到宏大的効果，而決非一小部份人所能完成的。對敵宣傳幹部的訓練，敵情的調查，敵軍工作的進行，必須在統一的領導之下，發動全體戰鬥員的力量，我們義勇隊參加各戰區的敵軍工作，雖然得得

門

朝鮮義勇隊，就是這個時代的產物，義勇隊的同志們，都具有奮鬥犧牲的堅強意志，豐富的工作經驗，純熟的革命技術，這些優秀條件就是成功革命主要的基礎，最近從各戰區來觀察朝鮮義勇隊工作的實際成績，證明我們稱許是十分真確的。

朝鮮義勇隊，是我們抗戰隊伍中最親愛的朋友，他們有二年以上戰鬥經驗，他們是日本帝國主義者的死對頭，現在我們打開世界版圖一看，不禁感慨系之，什幾何時，被強權吞噬的國家有十多個，侵略的兇惡勢力愈囂張，則世界上的公理正義亦愈陷入黑暗，我們目睹世界上各弱小民族所遭遇、慘痛場面，愈能引起我們更劇烈奮鬥的革命情緒，我們要認識侵略勢力的被摧毀，就是新勢力產生的開端。

中國是東亞幅員最廣大的國家，較諸歐洲全部還要大一點。倭寇雖然妄想獨霸東亞，可是他這樣渺小的國家，怎能夠與兇橫殘狠的德國相比擬．中國決不會敗在倭寇手裏，倭寇亦是沒有滅亡中國的資格，相反的倭寇國家的命運到被中國英勇抗戰拖他掉在泥濘裏，而無力爭扎。

工戰區最高長官，各級指揮官和士兵的愛護與熱烈的支持，但在整個敵軍工作上，總覺得不夠。

第二個教訓：與民衆沒有密切配合起來。對敵宣傳工作已經不是純粹的軍隊工作，當中國抗戰已轉入相持階段的時候，敵後方的民衆，前線的民衆，對敵宣傳工作上是比起軍隊的對敵宣傳工作更加重要了。為了敵軍工作有利的展開，必須要組織民衆，發動民衆，教育民衆，然而我們對羣衆的工作是不夠的：因此在民衆之間不能建立起對敵宣傳工作的工作陣地。

第三個教訓：非武裝的對敵宣傳是不如武裝的對敵宣傳。我們過去的對敵工作，都是在陣地或在敵後方的，在這些地方工作的時候，屢次遭到敵人的襲擊，然而我們沒有帶武裝，所以不能堅持工作，不能善用有利的條件，去完成工作。有時甚至不得不暫時的撤退了，這種痛苦的經驗告訴我們對敵宣傳人員必需要武裝起來。

其次，在宣傳要配合戰鬥的意義上尤是很重要的，敵人自從戰爭以來，未曾遭遇軍事上致命的失敗，也未曾遭到可怕的殲滅，因此相當深的驕傲觀念，輕視中國軍隊，不易接受宣傳，因此我們的對敵宣傳，應該配合戰鬥，隨時隨地不放機會去宣傳才行，尤其是要利用戰鬥的勝利進行工作，利用游擊隊活動的機會來進行工作，求敵工宣傳人員戰鬥化。所以一方面要在對敵宣傳工作上得到更大的効果，就要每個戰鬥員，即是宣傳員，每個宣傳員即是戰鬥員，在這種意義上，今日的對敵宣傳非但要武裝化，而且要戰鬥化。

第四個教訓：工作太過於流動而不集中，我們在這兩年來，參加六個戰區南北十三個省份的敵軍工作。工作過於流動有好處也有壞處。當我們這枝國際隊伍出現在中國戰場的時候，為了擴大我們政治上及工作上的影響，為鼓舞中國抗戰士氣起見，在策略上，採取散在政策而勝利的完成了任務．但在另一方面，過於分散，過於流動，就不能集中力量，又不能在一個地方堅持工作，確立對敵宣傳的根據地。這是一個很大的缺點，敵軍工作的進行必要調查敵情，研究敵之矛盾，因此在這要需要比較長的時間，否則工作計劃自然不能週到，對一個對象不能繼續不斷的做下去。

總之，我們是以一個國際隊伍的立場參加各地的抗戰工作，一切的工作是協助中國的對敵宣傳工作，但在這協助朝鮮在地理上是處於中蘇倭三大之間，就立國的形勢說，具備了優秀的條件。自從朝鮮淪亡之後，具便形成倭寇跳登大陸的踏脚板，因以釀成今日東亞的大禍，直接身當其衝者為中華民族，受害最烈者為朝鮮同胞。

現在是中韓兩民族爭取最後勝利的重要關頭，朝鮮義勇隊參加中國抗戰，是中韓兩民族並肩作戰的實踐，中國的勝利，就是朝鮮革命的成功，義勇隊是現階段朝鮮革命的一支新武力，她負有打倒日本帝國主義，恢復祖國的偉大使命，藉此兩週年，願獻一得之愚，用以彼此互相勉勵。

1.革命應不怕困難，不怕犧牲，失敗就是革命成功的原動力。2.革命要有鋼鐵一般的意志，百折不撓的進取精神。3.相扶相持，互助互信，乃是最高的革命道德。4.精誠團結，集中力量，是革命成功的必經途徑。5.革命要識大體，明大義，決大計。6.處事要周密，要冷靜，要果決，對人要誠實，要親切，要熱情。

最後敬祝朝鮮革命成功萬歲，中國抗戰勝利萬歲！中韓兩民族聯合起來，打倒日本帝國主義。

上，因為工作範圍的限制，不能主動的配合軍事政治及民衆運動，所以在工作的進行中也當有限制，血的經驗告訴我們將應怎樣補救過去的缺點，這需要我們的對敵宣傳工作與軍事政治及民衆工作配合起來，一定要武裝化，一定要建立對敵宣傳的根據地。

根據上述的教訓，我們的準備是怎樣呢？

（一）集中力量：這個行動口號是第二年工作的下半期提到的，今天第三年開始的時候，我們已經把過去散佈在廣大區域工作的力量，百分之九十五以上集中在一個區域，勝利的完成了這個計劃，這不僅在形式上集中於一個地方，而且政治上有着共同的目標，有着統一的策略，和一致的行動，因此義勇隊內部的團結也有了空前的進步，這是我們展開第三年工作的最根本的條件。

（二）選擇工作地點：朝義隊過去之工作是普遍的，沒有嚴格的選擇過工作地點，因此多頻的流動，但現在要建立工作根據地，比較固定的在一個地方工作，在政治的意義上有着特殊性，所以必須根據他的特點，選擇適當的條件，選擇地點，這個條件是：（1）被迫來華之朝鮮人多的地方，（2）被迫參加「朝鮮志願兵」出征的地方，（3）游擊隊發達的地方。這樣我們可以站在民族的立場，爭取為敵人被迫做先驅作用的朝鮮同胞以做瓦解敵人的先鋒，因此工作地點是關係朝義隊今後工作很重要的，本隊現已在某地集中，正準備轉進于某地，但最後之決定，還看中國最高當局之作戰計劃及對我們的希望。

三、今後工作方向

在目前抗戰形勢之下，在中國抗戰

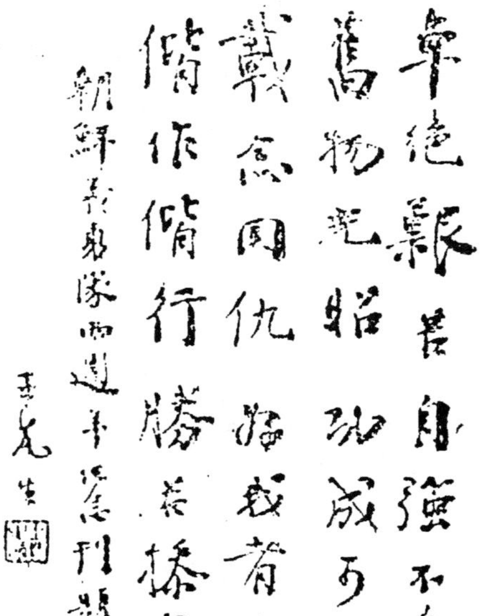

祝朝鮮義勇隊成立二週年

中國抗戰已經進入了最光輝的第四年代。

我們感覺到，東亞解放的黎明在漸漸的接近。正和日本帝國主義極深刻的危機對照着，以中華民族英勇鬥爭爲軸心的東亞諸民族的血的結合體，已經奠定了強固的基礎。

我們日本人民在中國抗戰中，已有着代表的組織。我們面對這可慶幸的今日的情形，謹向同志們表示敬意。因爲諸君是東亞反帝國主義的民族聯合戰線最先驅；同時，兩年來以不屈不撓的鬥爭貢獻于其基礎工程。

同志們！向着最後勝利，更加堅固的攜着手邁進吧！

在華日本人民反戰同盟代表

鹿地亘

與朝鮮民族獨立解放運動中最重要的嚴重問題，是將怎樣奪取敵人企圖利用之人力與物資，將怎樣破壞敵人已實施的各種設施，使日寇絲毫也不能夠得到人力及物資的補充，在國內朝鮮義勇隊目前也擔着這個任務做爲當前的課業，我們根據二年來之工作教訓，提出下列幾個最主要的工作方向。

一、爲海外朝鮮革命運動的統一而努力。在這兩年來工作中，朝鮮義勇隊內部之各部力量已逐漸集中，政治上更統一了，更團結鞏固了，我們應該首先依靠于朝鮮義勇隊內部之統一更與海外其他革命力量如東北及美洲之革命力量取得更密切的聯系，進而統一起來，朝義隊是在中國政府及最高統帥指導援助之下的關內朝鮮革命隊伍，我們相信這個隊伍將在戰鬥中和革命的實踐中與海外其他各革命力量最親密統一團結起來。

朝鮮義勇隊兩週年紀念
貴隊兩年來在血的戰場上的英勇奮鬥造成許多可歌可泣的壯烈事蹟不僅加強中國抗敵力量並且奠定了朝鮮民族解放共同奮鬥的基礎
閻寶航 題

二、與朝鮮國內革命運動取得更密切的聯結：並在工作上與他配合起來，以促進中韓兩民族聯合抗日陣綫的鞏固和擴大。

三、在敵後朝鮮群衆內樹立對敵宣傳及戰鬥之根據地，配合中國敵後游擊隊，破壞日寇在華企圖補充人力及物資之一切企圖。

四、總立武裝隊伍，武裝化，戰鬥化，戰鬥配合宣傳，宣傳配合戰鬥以加強對敵宣傳之效果。

解決「中國事變」一的真正力量是中國抗戰與朝鮮革命，我們要把握着日寇目前之危機，明確的指出目前日寇之攻略，戰略的陰謀，我們在「勝利第一」的原則之下，不分黨派，不分民族，聯合團結反日力量，互助作戰，才能打倒強敵，建立三民主義中國及新的朝鮮。

✕ ✕ ✕ ✕

祝朝鮮義勇隊兩歲週

劉啓光

朝鮮義勇隊是首先出現於中國抗日戰場上的一支國際友軍。她誕生於武漢會戰最高潮的二十七年雙十節。這一支國際隊伍雖然祇有數百人，然而她成立的意義却非常之重大。

第一：中國抵抗日寇的侵略，一方面雖然是為了本身的生存和獨立；同時也為了維持人類正義和世界和平。這是抗戰初起時 蔣委員長即昭告於中外的神聖大義；也是全世界公正人士所公認的事實。因此：中國對日抗戰，應該獲得國際的援助，乃為理所當然。朝鮮義勇隊的成立，即是國際義勇軍援華的先聲。由于她的誕生與長成，遂有台灣義勇隊，印度醫療隊……以至于在華日本人民反戰同盟等，國際隊伍或個人源源出現於抗日戰線，這不能不歸功於朝鮮革命同志的遠見與毅力。

第二：許多中國軍民，對于此次抗禦日寇的國際意義，還不夠明白；有些人對于國際援華的事實，也了解的不夠清楚，朝鮮義勇隊的成立及其艱苦奮鬥，以事實昭示了中國抗戰的眞意義，覺悟了多少落後的民衆，與鼓舞了多少抗戰將士。這不但大大地幫助了中國的解放鬥爭，同時也促進了中韓兩大民族的團結，打擊了日本帝國主義者的迷夢。

第三：七七事變後，中國在事實上已經負起了領導東方被壓迫民族爭取解放的任務。朝鮮義勇隊的首先協助中國抗戰，無疑地是給予其他遠東被壓迫民族現實的榜樣，指示東方被壓迫民族共同奮鬥的必然性與可能性。

第四：朝鮮義勇隊誕生之後，一面高漲了朝鮮國內民衆的革命熱情；一面加強了朝鮮各黨派及海外韓僑的團結，這在爭取大韓民族的獨立解放上，也有其不可忽視的重要意義。

兩年來在前線，在敵後，朝鮮義勇隊各同志所表現的英雄舉動，不但無愧於她的使命，而且正在發揚光大着她誕生的意義。台灣義勇隊和朝鮮義勇隊，無論從那一方面，都有着不可分離的密切關係。台灣義勇隊的成立，雖然稍遲於朝鮮義勇隊，然而她所留下來的成績，已可與朝鮮義勇隊相媲美。

不過，朝鮮和台灣義勇隊的現狀，我們還不能滿足；為了適應客觀的需要，爭取中國，朝鮮，台灣乃至于全體東方被壓迫民族的解放，我們認為：

第一：朝鮮和台灣義勇隊，有及時加以擴大強化，使成為強有力的朝鮮和台灣革命軍，直接參加對倭作戰的必要。目前把義勇隊擴充成軍的主觀條件，無論朝鮮或台灣，都已充分具備；我們有豐富的兵源，有優秀的革命軍事幹部，有足以領導革命軍隊的堅強的革命政黨。我們所缺乏的是武器和給養，我們希望能夠獲得必要的援助。

第二：中韓抗倭單位的結合，我們認為目前還不夠理想；坦白的說：中國方面有朋友，對于建立中韓台統一的抗日力量的問題，要求似乎還不如韓台的革命同志之切。也許這是對于韓台革命勢力估計太低的緣故，我們認為這一錯誤的觀念，有及時糾正的必要。

第三：東方各被壓迫民族，隨着世界大戰的演進，立場日益與中韓二個單位接近，我們希望東方被壓迫民族團結一致，共同奮鬥的理想早日變成現實。

當此朝鮮義勇隊成立二週年紀念之日，我謹代表台灣義勇隊的全體同志，向朝鮮義勇隊的全體同志致最誠懇的革命敬禮，並建議上列三事作為今後共同奮鬥的目標。

民族解放的先鋒隊

王輝之

「在光榮與至善的希望里，
我勇敢直前，一無恐懼！」
——許式庚

炮聲隆隆震撼着大地，
碧藍的天空
瀰漫了血腥的烽烟；
生活失掉了往天的舒暢與恬靜，
敏捷地
穿起戰鬥的戎裝。——
戰鬥像一把銳利的尖刀
插進了每個人底心窩。
啊，在這時，同志們！
來——
把雄偉矯捷的姿影
馳騁在
廣大的隊伍前而；再吹起
我們那嘹亮的
革命的喇叭！

☆ ★ ★

向中國每一個角落吹呀——
「四萬萬五千萬親愛的戰友呵！
為了永久的生存，
要一致地
用血
用肉
用生命
爭奪抗戰的勝利；
用拳
用槍
用鐵鎚
打碎民族的枷鎖！」
向日本勞苦大衆們吹呀——
「啊：起來吧，弟兄們！
只有打倒軍閥，
才有真正的自由與幸福。」
向世界全人類吹呀——
「被壓迫的民族是一家人呀！
我們要攜起手來，
向一切侵略者進攻！
爭取自由；奮鬥前進!!」

☆ ☆ ☆

一天，兩天，……
兩年啦！
鋼鐵般的意志，
忍受着戰爭的磨鍊，
從灼熱的炮火中
她——朝鮮義勇隊
欣欣地成長着，而且
又健壯活躍地站起了！
呵呵！
誰不知道她在戰場上
創作了不少最光輝最悲壯
、不可磨滅的戰蹟?!
誰不知道她是最勇敢最頑強
民族解放的先鋒隊?!

☆ ☆ ☆

由抗爭的實踐中
日子帶來了強厚的
新生的力量；
但驕傲與誇矜
從不接近我們。
呵！走呵！我們——
背負着歷史底偉大的使命，
更愉快地踏上
艱苦而神聖的征程。

☆ ☆ ☆

同志們！瞧見了嗎!?
在鴨綠江那邊
三千萬親愛的同胞，
投來焦灼的目光，
伸出了
無數待援的奴隸的臂腕；
向我們招搖！
向我們求呼！

☆ ☆ ☆

廣大的隊伍前進呵！
聳發我們底眉頭，

論朝鮮義勇隊在革命運動中的地位

——糾正兩種錯誤的認識——

如松

一、問題的重要性

朝鮮義勇隊成立已經有兩個整年了，我們曾參加六個戰區南北十三省的戰地工作，在工作中勝利的完成了我們的任務，然而仍在少數朝鮮同志和中國人士方面，對於朝鮮義勇隊的本質及工作有不少錯誤的解釋。這些錯誤的解釋有些並不是無意的，而是帶着濃厚的深刻的政治意味，這關係到朝鮮義勇隊本身的政治性與革命性。若不加糾正任其發展，則影響所及，無疑的要嚴重關係到我們朝鮮義勇隊的工作開展，我們需要無情的打擊他和清算他。

二。兩種錯誤的認識

第一種錯誤的認識：認為朝鮮義勇隊是一個單純的國際縱隊，是一個屬於中國政府的民衆團體。第二種錯誤的認識：認朝鮮義勇隊為朝鮮唯一的革命團體。這兩種看法都未能把握着朝鮮義勇隊的本質及現實條件，都是有害於它的正常發展。前者的錯誤在固執於形式的成見，未能看到它的本質及歷史的發展的過程。這首先表現在少數朝鮮同胞方面，他們認為朝鮮義勇隊是參加中國抗戰之單純的國際性的義勇隊，屬於中國政府的沒有政治獨立性的。非屬於韓國政府的。民衆團體，是非武裝的一種政治宣傳的團體。所以它對於朝鮮民族之解放沒有負着直接的任務，也不能代表朝鮮民族。所以他們積極的主張在中國關內除了現有的朝鮮義勇隊之外，應該另成立韓國光復軍，可以與朝鮮義勇隊並存，他們認為韓國光復軍是朝鮮政府的軍隊，是一個國家政府的基本的國軍。（見韓國獨立黨機關報韓民第二二號）

現在把韓國獨立黨之主張綜合起來，他們主張在關內除朝鮮

舉起那殺人的槍刀，

射擊敵人，

追逐住敵人底潰敗的尾巴！

我們要戰鬥！

直到中華的原野

飄揚着鮮豔的

青天白日的旗幟！

（那是四萬萬五千萬人民所熱望的。）

我們要戰鬥！

直到三千萬同胞

歡唱着

祖國的自由的歌聲

在秀麗的金剛山頭盪漾，

盪漾。……

朝鮮義勇隊兩週年紀念

中韓兩大民族聯合起來

于毅夫謹祝

義勇隊外，另外建立光復軍之理由是：

1.朝鮮義勇隊是純粹的義勇隊性質。

2.朝鮮義勇隊屬於中國軍委會政治部，非屬於韓國政府，故不能代表朝鮮民族獨立性。

3.朝鮮義勇隊是非武裝的宣傳團體。

這種理論無論邏輯上，事實上根本不能成立而且有害於朝鮮民族獨立解放運動。我們都知道一個革命家研究一個運動或團體必須從歷史的發展過程中去認識，如果只觀察事件或運動的一斷面，就判斷那個運動或團體的整個結果一定會大錯特錯的。這般同胞們是犯了方法論上的錯誤，只看見現在的工作而沒有看清朝鮮義勇隊在歷史背景構成要素及發展過程。如果他們知道這個歷史的發展過程而偏偏要那樣主張，我們一定要警戒這個作用，因為那樣的主張，只能分散朝鮮民族抗日革命之力量，給有限的關內朝鮮革命者分成兩個集團。這是有害於朝鮮民族的全體利益的。

誰都知道，領導朝鮮義勇隊的各團體及人物是在朝鮮、東北、關內有着二十餘年的革命歷史，朝鮮義勇隊的隊員是網羅着關內所有朝鮮的革命的實踐鬥士，他們除極少數新參加的同志之外，都有着五年乃至十年的革命歷史，他們

在中國抗戰之前，就在最困難的環境之下為朝鮮革命而艱苦奮鬥。中國抗戰開始之後，朝鮮義勇隊的全體同志都認為這個戰爭是為了建立三民主義的新中國而抗戰，這將與朝鮮民族之獨立解放有着不可分離之關係。在華之朝鮮革命者組織朝鮮義勇隊參加中國抗戰是依據於朝鮮民族解放運動中重要的策略路線，因為朝鮮要戰勝強敵，不但朝鮮民族自身要團結起來，而且要在國際間與一切反日力量聯結起來，尤其是要聯合偉大的中國抗戰力量。

儘管理論和事實是這樣，這般同胞偏偏否認朝鮮義勇隊產生的歷史背景及發展過程偏偏要說朝鮮義勇隊是一個國際的義勇隊，否認他政治的獨立性。

其次，這般同胞：認為朝鮮義勇隊目前工作為非武裝的宣傳團體，所以需要另成立光復軍，這又是一個大笑話；他們以某一個時期的一種工作方式來決定朝鮮義勇隊的本質，這真是一個錯誤的理論。一個革命團體的鬥爭方式，不是固定永遠不變的，鬥爭的方式是依據主觀的條件而變化的，如果那個革命團體在與敵人作戰時，不顧敵情之變化，不顧自己力量，仍舊固執於一種戰術，那牠只有失敗的。在中國抗戰中，我們

本會成立二週年紀念感言

石正

當着關內大多數朝鮮革命同志在本隊的旗幟下，參加中國正義抗戰兩週年的今天，我們都會有一種意義深刻的感想。因為時間雖只有短短的兩年，然而這兩年却是中國與全世界空前未有的偉大的變化和發展的歷史階段。同時，亦是我們直接參加這偉大的變化與發展的有力的革命實踐時期。但是，我們全體同志的感想大體上雖然相同，而在某部分上却有着各自的特徵。因此，我願將個人追憶過往瞻念未來所生出的幾點感想，簡單地寫在下面。

過去兩年本隊對於中國抗戰的貢獻究竟有多麼大，這裏暫時不提。而首先，作為朝鮮革命者的本隊全體同志，對於中國抗戰的支持和援助，不是平常的形式的，而是依着不畏犧牲的精神；直接地參加到火線上，和中國英勇將士們同生死共甘苦地與敵人血肉相見。這一點，確是我們深引為光榮與滿意的。

我們認為只有在毀滅共同敵人日本帝國主義之後，朝鮮民族才能重見獨立自由的天地。而為了毀滅日本帝國主義，雖然我們的力量非常脆弱，但是我們

為了戰勝強敵需要靈活的鬥爭方式。然而韓國獨立黨機關報韓民上，認為朝鮮義勇隊是在做非武裝的對敵宣傳工作，判定了朝鮮義勇隊是永遠作對敵宣傳之機關，主張應另成立光復軍。他們錯誤地把運動的一個片面的鬥爭方式，認做本質了。

接着，他們認為朝鮮義勇隊是屬於中國政府的，因此，沒有政治上的獨立性，對於這種無根據的，不合於實際的侮謾，用不着特地辯論；我們應該要知道，我們現在住在中國政府所統治的領土上，同時要配合中國的抗戰，一定要估計到這現實的條文，他們根本沒有研究過朝鮮義勇隊的組織條例，根本沒有觀察過朝鮮義勇隊兩年來的實際工作，隨便的論斷。我們如果配合中國抗戰，參加戰鬥，必定要在作戰上受中國最高統帥之指揮，在各戰區工作者應該在工作上受各該戰區最高指揮官之指導，並要服從於整個統一的作戰計劃。這樣才能使抗日力量統一起來，才能鞏固和擴大中韓兩民族之聯合抗日陣綫，然而，他們否認這點，要工作上固執於自己的意見認為才是保持政治獨立性。這不是幫助中國抗戰進行朝鮮革命工作，而是在漂亮言詞下取消中韓兩民族的聯合抗日陣線。

那末有人問在朝鮮義勇隊成立時，為什麼不組織國軍呢？（如韓國光復軍）我們對於組織國軍，未曾計劃過。首先我們要知道什麼叫做國軍？牠第一要有政府，第二，是代表一個國家的基本的國防隊伍，（同時要一般人民共認的）。最低限度需要這兩種基本條件，再看中國關內的朝鮮革命者不問任何一個集團，是沒有組織國軍的條件的，凡是革命運動的推進，是要根據現實的力量的，不顧這現實的條件，憑觀念上的胡想，口裏講得好聽，但實際對革命運動，不會有好的結果。韓國獨立黨擁護「韓國臨時政府」，我們要知道政府是代表國家統治之權力及形式，目前朝鮮民族正在敵人統治之下，被任意虐待，屠殺、在朝鮮，東北及各地都有轟轟烈烈的革命運動，他們都有長久的革命歷史，而大家都為了朝鮮民族的獨立獻身奮鬥的時候，在關內的一個沒有群衆基礎的團體，組織朝鮮政府，企圖在朝鮮獨立之後統治朝鮮，這事實上不可能實現的妄想，而且在大家要團結一致，不分彼此流血革命的今日，少數同志，要組織這種政府是非常有害於朝鮮革命力量之團結的，就是有了政府，在中國

除了協同中國抗戰將士與敵人肉搏以外，再不能找到其他的道路。我們確信，只有通過這種率直的實踐，才能够使成千成萬的朝鮮同胞響應我們，隨着我們的血跡向着解放的大道邁進。而且亦只有如此，才能建立實質上的中朝兩民族的聯合戰線。因此，在過去兩年間，我們從不願做空洞的外交活動與理論的喧囂，只是實際地參加華南北各戰場，盡着我們所有的力量去努力工作。假如我們亦像一部分同志一樣，在中國已經抗戰三年的今日，還是在喧嚷着討論什麼「如何做國際的連絡」「國軍黨軍的問題」「自主與被動的問題」這些不着實際的問題，而亦把過去二年的實踐延至今日，那麼一切都還是幻滅的空想，決沒有如今日所感到的勝利與自信的滿意。

其次，在想到東方永久和平的時候，不用說是不能離開中國的，同時如果沒有朝鮮的參加亦是不可想像的。

在過去幾千年間東方文化和政治的歷史上，中韓兩民族的關係；現在兩民族的存亡相關性；以及在建立未來東方永久的和平上，沒有人會否認兩民族間關係的密切性與重要性。中朝兩民族不僅共同創造了過去攸久的光榮的歷史，並且還有着奠定未來東方永久和平共存，

關內能執行政府的任何一個職權嗎？這是不可能的，其次再看代表一個民族國家的基本的國軍，這不是觀念上或漂亮的口號，應該要具備實際的條件，那裏有軍隊？那裏有民衆？那裏有武裝？在那裏作戰？那裏有可能成爲國軍的戰鬥歷史？這都是空的。國軍不是幾個總司令的組織，應是一個武裝的戰鬥的，有群衆基礎的有歷史的隊伍，朝鮮國內外任何一個革命團體，還沒有成熟組織國軍之條件。其次在中國人士方面：極少數中國人士，認爲朝鮮義勇隊爲參加祖國的抗戰（五月三日某機關之代表在某某紀念會會議席上講話）這般人有一個根本上的認識錯誤，視朝鮮民衆爲中國民族之一部份，朝鮮原來是中國的版圖，被日本奪去了，抗戰勝利不但要收回東北，還要收回朝鮮，因爲有了這種觀念，就認爲朝鮮義勇隊是和中國之一般民衆團體一樣，否認朝鮮民族參加中國抗戰之國際性政治意義，在另一方面，又視朝鮮民族之革命性質及其方法與中國革命性質方法完全一樣，觀念上，要把朝鮮革命隸屬於中國革命，而否認朝鮮社會之特殊性及革命方法之特殊性，這兩種傾向表現上雖然不同，但根本上是一樣的，在作用上也是一樣的，就抹殺或降低朝鮮義勇隊的民族性，國際性，政治革命上獨立性。抹殺或不認朝鮮義勇隊爲中韓兩民族共同抗日在獨立平等的立場聯合抗日陣線之雛形作用，這是很大的認識錯誤，我們相信這將在偉大的三民主義的革命過程中，必然的被糾正的。第二種錯誤的認識，他們或視朝鮮義勇隊爲朝鮮革命之唯一團體，朝鮮義勇隊同志爲朝鮮獨立運動不可缺少的幹部，這種傾向在朝鮮義勇隊內部雖然沒有表面化，深刻化，但已經部份的有了這種傾向，而輕視別個革命團體的存在和作用，因此可能影響到我們的團結，造成盲目的自誇與工作中的急燥性，希望趕快到朝鮮或東北去，趕快踏進朝鮮革命運動之主流中去，因此在目前工作中不能集中全副的精力，並不能安心，這種希望在基本上說是很好的，表現出對於朝鮮革命事業之熱烈忠實，但如果不估計目前的環境，不經過目前之階段，作不切實的跳躍，會妨害到工作的發展，取消實際運動的進展。我們要克服這種工作上急燥性，必定要糾正自誇自大的不正確的觀念。

三、朝鮮義勇隊的本質及使命

關於這個問題，已經在朝鮮義勇隊

性共同使命，這種偉大而光榮的使命，在今天便落在直接參加中國抗戰的本隊全體同志身上。同時誰亦不能否認，這些偉大的使命在本隊過去二年來的實踐上，已經漸漸地實現了。確實，過去兩年來本隊同志在華北戰場與後方各地，和四百萬中國英勇的抗戰將士與民衆，同仇敵愾，同甘苦共患難的努力奮鬥，不但使兩民族將爲相輔的歷史重現於今日，尤其是建立了兩民族未來億萬年共存共榮的堅固基礎。這一點亦是使我們感到無限興奮的。

最後，在今天，我們全體同志對於本隊光明的前途，與革命的必然成功，特別有着堅強的自信心。雖然現在團結在本隊旗幟下的同志，還只有數百個人，但是我們百分之百都是黨的革命幹部，都受過數年的政治軍事訓練，而且大部份是健壯的青年。我們在悲壯戰場上，在中國偉大的革命過程中，革命的見識與經驗豐富了，身體強壯了，團結更加堅固了。因此，照我們這樣的發展下去，一定能使全朝鮮民族在本隊的旗幟下動員起來，把敵人從祖國的土地上驅逐出去，而完成革命的最後目的。

以上這幾點感想，恐怕亦是我們全體同志在今天所共同感到的吧！

刊物、廿八、卅、卅一、卅五各期及各報章，雜誌發表過，再提出來說一遍。

金總隊長說的很明確：「我們朝鮮義勇隊在決定朝鮮存滅的緊急時期中，必須積極動員不願做殖民地奴隸的全國同胞，使他們向和我們同一的方向邁進。而且使他們和我們在同一的旗幟之下，參加和支持中國抗戰，以打倒日本法西斯強盜」朝鮮義勇隊的指導委員金奎光亦曾提過：「本隊的基本任務是兩方面的，即一方面積極參加中國抗戰，和中國戰士們攜手並肩與敵血戰，在他方面，要號召二千三百萬朝鮮民族發展全民族的反日革命暴動，以援助支持中國的抗戰，同時爭取朝鮮民族自身的解放」。

朝義隊指導委員兼副隊長金學武也說過：「因為朝鮮義勇隊正產生於一個特定的時期，就是中國抗戰時期，所以它首先負着參加中國抗戰的任務，就是現階段在華朝鮮革命運動之最重要的實踐部門。其次我們就它的組織成分和成立以前在華革命者活動的歷史上看起來，它仍然負着和推動朝鮮革命運動的使命，它是在華朝鮮革命運動的最有力的實踐者和先鋒」。

其次，再看朝鮮義勇隊產生的意義。我們認為：（一）偉大的四萬萬五千萬中華民族的抗戰無疑地會消滅中朝兩民族共同的敵人日本帝國主義的，同時就是爭取朝鮮民族獨立自由的決定時期。在這時期，朝鮮民族的唯一出路和緊急的任務，就在於用最強的民族團結和最大的革命鬥爭，共同參加中國的抗戰，並一致配合和支持中國的抗戰，打倒共同的仇敵，獲得共同的勝利。我們朝鮮義勇隊是在這樣的朝鮮民族的革命路線和任務之下產生出來的。（二）中國的抗戰是為了建立三民主義的新中國，建立東方各民族的永久和平等的基礎，保衛全世界正義和平的戰爭。（三）朝鮮義勇隊要和全世界愛護和平正義的人們攜起手來，直接參加中國抗戰，在這點上，朝鮮義勇隊可以執行抗戰中國國際縱隊先驅的任務。

總之，我們從上述各點就可以知道（一）朝鮮義勇隊是一個朝鮮的革命團體，它有着對朝鮮革命之堅定的信念，及一定的策略。並且依着朝鮮民族獨立解放的總策略，在華組織朝鮮義勇隊參加中國抗戰，以完成朝鮮革命。（二）朝鮮義勇隊是繼承關內三十餘年朝鮮革命者運動的歷史的產物，它的使命是特殊的，不同於其他任何國際隊伍。（三）朝鮮義勇隊在本質上是促進並鞏固擴大中韓兩民族共同抗日，建立新東方的基本隊伍，就是中韓兩民族聯合陣線的雛形。（四）朝鮮義勇隊是戰鬥的實踐的隊伍，從關內少數幹部的組織，將擴大到敵後朝鮮群眾，發動關內所有朝鮮同胞，進而推動東北及朝鮮國內之革命運動，參加和支持中國抗戰，以由非武裝進而武裝，在共同戰鬥中促進中韓民族之聯合的實踐的部隊。（五）朝鮮義勇隊是網羅各黨派，只要為參加抗日復國的革命同志所組織的統一的團體，將是統一和團結關內所有朝鮮革命者的基本隊伍。（六）朝鮮義勇隊担負着發動東方各反日本帝國主義的力量，參加中國抗戰的任務。

當朝鮮義勇隊成立時，我們已經有了這樣的任務，在工作中忠實地執行着我們的任務，然而今天在我們的週圍和內部，還有一些錯誤的傾向，影響到朝鮮義勇隊的政治性與革命性。我們堅決的相信一個革命團體是從鬥爭中生長起來的，是不怕鬥爭不怕困難的。我們為了朝鮮民族之獨立解放，為了關內朝鮮革命運動的發展，應該動員最大的力量，來克服這種錯誤的傾向。

為鞏固和擴大遠東反帝統一戰綫而鬥爭

——紀念朝鮮義勇隊二週年——

馬義

戰爭與革命的時代

目前，我們正處在一個戰爭與革命的時代，也就是人類歷史上空前的大變革時代。

「帝國主義」與「戰爭」是一對孿生子，戰爭是帝國主義下的必然產物，帝國主義罪惡的統治存在一天，人類不合理的社會存在一天，戰爭是絕對無法避免的。第一次世界大戰中，帝國主義的說教者們不是曾經說道是最後一次戰爭嗎？然而不然，二十年以後的今天，第二次帝國主義戰爭又已經打了一年以上了，（嚴格的說，第二次帝國主義戰爭從「九一八」即已局部開始）。

戰爭是政治的繼續，「戰爭是政治底工具，他不可避免的帶有政治的性質，戰爭是要以政治底準繩去測度的。」（克勞塞維茨）。戰爭是流血的政治鬥爭，是武裝的政治行動，「戰爭不是別的，而僅是政治的繼續，其所用的手段不同而已」。因此，帝國主義戰爭的爆發，正是由於帝國主義國家內部不可克服的經濟危機所引起的，正是由於帝國主義國家無可挽救的政治危機所引起的，正是整個帝國主義體系發展的規律所決定的。帝國主義依靠其剝削國內勞苦羣衆和榨取殖民地而過活，無論是那個帝國主義國家，當他們從「有」的國家變成「無」的國家時（略）。他們會立刻撕起虛僞的「和平」的假面具，演出短兵相接的強盜全武行。帝國主義者企圖用戰爭來挽回其垂死的命運，然而歷史的演進恰恰相反，戰爭將葬送帝國主義。

今天，帝國主義戰爭正在殘酷的進行着，許多小國挪、丹、比、荷、「作了帝國主義國家的零用錢」（莫洛托夫），而被犧牲了，歐洲的・等強國（法國）被屈跪在卍字旗下（略）英德空軍互襲，互相炫耀着殺人的「戰績」，全世界有一半以上的人口捲入了戰爭，遭受着空前的厄運，成千成萬的農民、工人、學生，被驅上了戰場，被迫去殘殺自己的兄弟；成千成萬愛自由的人民，被關入了集中營，受盡了奴役和痛苦；成千成萬的和平民衆，妻離子散，顛沛流離，掙扎在死亡線上……帝國主義戰爭給予人們的是悲慘和痛苦，殘忍與毀滅。

我們反對帝國主義戰爭，然而我們既不是「和平」主義者，也不是人道主義者，我們反對帝國主義的不義戰爭，但同時擁護一切帝國主義國內的人民革命戰爭，一切被壓迫民族的解放戰爭，因爲這是進步的正義的。今天全世界正有兩種戰爭在交流着，一種是進步的革命的正義的解放戰爭，另一種是反動的退步的不義的掠奪戰爭，（前一種戰爭如中國抗戰，後一種戰爭如英德戰爭）。全世界被壓迫人民爭取解放的道路只有一條：停止帝國主義戰爭，變不義的戰爭為義戰。

在目前的國際形勢中，正劃分了三大陣線：英美是一個陣線，德意日是一個陣線（以上兩個陣線都是屬於帝國主義內部的），第三個陣線是，社會主義的蘇聯，正在英勇抗戰的中國及全世界一切被壓迫的民族，帝國主義國內被奴役的人民。在帝國主義的兩個陣線中，正在瘋狂的互相撕殺着，只有第三個陣線，在偉大的蘇聯和中國領導之下，高舉反帝的旗幟，向前邁進！

千萬顆子彈打在一個靶子上

「資產階級今天相信無產階級革命是很現實的事情，恐懼革命，是最近二十五年資產階級經驗的主要結果之一。」（瓦爾加），是的，第一次世界大戰，打出一個十月革命來；地圖上六分之一的土地變了顏色，世界被切成了兩半，一面是欣欣向榮年青力壯的社會主義蘇聯，一面是墮落腐化快進棺材的資本主義國家。

全世界的勞苦人民，他們遙望着社會主義祖國建設的勝利，那一面光輝的燈炬照耀着他們，他們明白自己所應該走的道路，這二十多年中，他們不斷的組織自己，鍛鍊自己，團聚自己的力量，擴大自己的力量，今天這運動還在發展，但明天他將以排山倒海之勢，震撼全世界。

在英國、法國、德國、意大利，千百萬群衆發出反戰的呼聲，英國工黨的下層群衆，他們通過無數的決議，嚴斥帝國主義戰爭的罪行；英國革命政黨號召群衆「為了保衛民主、自由、生命與家庭而行動起來。」法國人民雖然在反動的達那第及維琪政府的統治下，然而他們的鬥爭從不稍滯，他們正領導着愛自由的法蘭西人民，為反對國內的賣國賊和國外的侵略者而鬥爭。德國的人民顯然不會被法西斯戰爭一時的勝利所矇蔽，他們用怠工，破壞答覆法西斯的苛政。他們相信，只有德國人民的勝利，才是真正的勝利！

日本，這個倒霉的帝國主義國家，中國人民已經把他打得遍體傷痕，頭破血流，正在採取最殘暴的手段，作最後的掙扎，然而這只有更加深中國人民的仇恨，更加深日寇與其國內人民及殖民地的對立，日本國內人民的反戰鬥爭今天正猛烈的展開着，工人的怠工罷工，農民的暴動，反戰份子炸燬軍火庫，這些都是日本勞苦人民呼應中國抗戰的壯烈行動。在朝鮮台灣，曾經爆發了幾次規模相當大的反戰暴動，和有組織的反對敵人征兵的企圖，日本帝國主義的心臟一天天在騷動和不安着！

在印度，國民大會號召反對帝國主義戰爭，罷工運動蓬勃發展，僅一九四〇年最初三個月間，罷工有一百二十八起，參加之工人達二十七萬七千人，雖然英國用一切陰謀破壞印度人民的團結，都失敗了。

在安南，歐戰爆發後越南人民的反帝運動日趨活躍，東京麥雖不時出現反帝的傳單標語，不時舉行遊行示威，日寇如果也竟敢向安南伸出黑手，無疑的一定要碰破頭皮。

全世界每一個角落都燃遍了反帝的烽火，是的，第二次帝國主義戰爭與上次大戰顯然有一個最大的不同點，帝國主義國內被壓迫的人民與被壓迫民族，在一開始就能揭破帝國主義的欺騙，進行反抗帝國主義的鬥爭，全世界人民的政治覺悟程度今天空前的提高了，組織力量空前的擴大了。（略）

反帝國主義的鬥爭，是今天全世界先進人類底共同事業，雖然根據在各個民族社會內發展的特點，在各個革命階段有不同的具體任務，然而整個的世界革命是不可分割的，每一個角落的鬥爭，影響到全世界革命鬥爭的發展，與各國人民的利益密切聯系着：全世界的革命人民，為了爭取共同的解放，需要鐵的團結，整齊的行列，統一的行動，跟帝國主義作艱苦的鬥爭！

中國抗戰在遠東反帝鬥爭中的主導作用

中國抗戰抗了三年了，中國居然能打三年，這已經是日本帝國主義所夢想不到的，三年來，不僅中國本身的力量愈戰愈強，而且在中國戰場上打出一支朝鮮義勇隊，又打出一支台灣義勇隊，在華日本人民反戰同盟，印度救護隊……這更不是日本帝國主義所夢想得到的。

中國抗戰是遠東反帝鬥爭的火把，這盞光輝的火炬，指出了遠東被壓迫民族前進的標示，他們為中國民族的鬥爭而興奮鼓舞，他們爭頌着中華民族抗戰的勝利。

「中國抗戰給遠東一切被壓迫民族指出了爭取自己解放的唯一的道路，他給遠東各個被壓迫民族最大的政治鼓勵，對敵人沒有妥協，只有堅持頑強的鬥爭。「敵人不投降，就消滅他。」

中國抗戰影響和推動了遠東被壓迫民族間更親密的團結，各個被壓迫民族內部的革命組織更加發展了，擴大了，他們的意志更加堅強了，他們正在更緊張的動員着。

正因為如此，他們熱烈的團聚在中國抗戰的周圍，他們援助中國抗戰，打倒共同的敵人，打倒遠東最兇惡的敵人日本帝國主義，不僅在日本帝國主義壓迫下的人民與殖民地，倒過戈來，跟咱們站在一條戰線上。而且在印度、安南、緬甸、每天報紙上大篇的登載中國抗戰的消息，人民踴躍捐款振濟中國難民，技術人員自動來華參戰。特別是朝鮮義勇隊，他們跟中國戰友并肩殺敵，已經兩年了，他們給中國人民無限的興奮和感動。

各國人民的同情和援助中國抗戰，是基於國際主義的立場，同時又是民族主義的，革命的民族主義與國際主義完全一致的，中國抗戰與各國人民利益完全一致的，特別是與遠東被壓迫民族有密切的聯系，基於這種國際主義的精神，遠東反帝民族統一戰線的繼續鞏固和擴大，完全有其現實的基礎。

中國抗戰是遠東反帝鬥爭的主要的一環，一個有四萬萬五千萬人口的中國民族，不能不對遠東具有決定的作用，一切遠東被壓迫民族，應該用最大的力量，幫助和爭取中國抗戰的勝利，而獲得自身的解放。

日本帝國主義怎樣破壞遠東民族的團結

日本帝國主義知道，遠東被壓迫民族的親密團結，是一支不可戰勝的力量，是戰勝日本帝國主義的決定因素，因此他無時無刻不在用盡一切陰謀和卑鄙的手段，企圖破壞遠東各民族間的友誼，離間分化，各個擊破，以遂其侵略野心。

請看這一些事實吧：

日本帝國主義在國內，對人民進行各種欺騙宣傳，自詡自己的民族如何優秀，而別的民族都是殘蠻的卑劣的，以遂成國民盲目的自尊心，與其他各民族的人民隔閡開來。

日本帝國主義在朝鮮，一方面自已直接掠奪了朝鮮農民的土地，而驅使朝鮮農民流亡東北，再從東北農民手裏把土地掠奪過來分一部給朝鮮人，以造成中國人與朝鮮人間的仇恨，過去的萬寶山慘案就是由日寇這樣導演出來。更像上海天津的所謂「朝鮮浪人」，也是完全由日寇在背後有計劃製造來挑撥中韓民族感情的。在侵略戰爭發動後，日寇又在中國故意散播朝鮮人如何參加日方作戰的謠言，企圖把自已的罪行又加害在朝鮮人民身上。

日本帝國主義在泰國，他利用了中國商人與泰國資本家在商業上的競爭，而加緊策動泰國排華，令其進逼安南，作侵略之爪牙。

日本帝國主義在菲列賓，勾結少數菲列賓資本家，排斥中國僑民。

日本帝國主義的陰謀是無孔不入，鬼計百出，在緬甸安南及其他南洋英荷領屬，皆有計劃的佈置密探，勾結少數敗類，作日本帝國主義的傳聲筒，製造民族間的磨擦。

特別對中國境內的少數民族，更是日寇企圖利用的對象，如成立內蒙傀儡政府，組織僞蒙軍，及挑撥回漢間的感情等。

我們應該針對敵人的陰謀，揭破敵人的陰謀，隨時打擊敵人的陰謀，千百倍的提高民族警覺性，加強遠東民族的團結。

鞏固和擴大遠東反帝統一戰綫的前提

遠東反帝統一戰綫，早跟着遠東反帝鬥爭中爲着實際的需要而被提出了，中國國民黨第二次全國代表大會宣言就這樣指出：「有與我同在帝國主義壓迫之下，期相努力，以打倒帝國主義者，如一切殖民地半殖民地被壓迫民族是……故民族運動與國際運動實爲相須，而民族主義與國際革命主義，其內容實爲一致，惟其如是，乃能與以不平等待我之帝國主義作殊死戰」。抗戰建國綱領中又指出：「聯合一切反對日本帝國主義侵略之勢力，制止日本侵略，樹立並保障東亞之永久和平」，中國共產黨的文件及其領導人的文章中，皆屢次提到聯合東方被壓迫民族的重要，中共抗日救國十大綱領中，更具體指出「必須聯合朝鮮台灣及日本國內的工農人民，反對日本帝國主義」。「中國、蘇聯、各國人民解放運動，各國民族解放運動，應該組成堅固的統一戰綫。」（毛澤東：第二次帝國主義戰爭講演提綱）。在朝鮮民族戰綫聯盟在其所發表的鬥爭綱領中，亦曾明白規定：「中國民族，台灣民族及蘇聯爲最大反侵略反日勢力，必須與之切實聯合。」在這裏，特別值得提出的，中韓民族在抗戰一開始即曾對這個問題作過一番切實的努力。八一三後，全國各界救國聯合會諸領袖曾與朝鮮革命團體關於遠東反帝力量統一問題交換意見。抗戰第二年，朝鮮民族戰綫聯盟在其出版的機關刊物中，又曾對這個問題作過一番熱烈的討論。

遠東反帝統一戰綫，從成份上來說，應該包括中國，蘇聯，日本帝國主義的殖民地（朝鮮，台灣等）及其他帝國主義在遠東的殖民地（英荷南洋領屬，安南、緬甸、菲列賓、印度等）半殖民地的泰國，及日本國內的廣大反戰人民，事實上，以中國抗戰爲主力的遠東反帝鬥爭激烈的開展，遠東反帝統一戰綫在基本上是已經存在的，不過隨着歐戰的日趨猛烈，隨着遠東局勢的迅速演變，隨着各民族鬥爭的發展，我們過去統一的程度，顯然還是極不够的，我們必須依據過去的基礎，使遠東反帝統一戰綫更加强化，更加擴大，適合今天這個偉大時代底需要。

在鞏固和擴大遠東反帝統一戰綫的過程中，我們須跟一切狹隘的民族主義者作鬥爭，他們麻痺在妄自尊大的觀念中，輕視別的民族的地位，是妨礙我們民族間友誼的。同時，我們必須跟一切民族內部的奸細作鬥爭，他們與敵人相呼應，破壞民族內部的團結，製造民族相互間的隔閡。特別重要的，我們要打擊敵人挑撥分化的陰謀，「帝國主義爲遮斷其本國內大多數人民與東方被壓迫民族聯合，則倡黃禍之論，以爲恐嚇；爲遮斷東方各階層間之聯合，則倡赤化共產之論，以爲恐嚇，此種恐嚇手段，能使革命力量，歸于離散」。——見中國國民黨第二次全國代表大會宣言。

我們的統一，首先應該確定一個原則，這就是我們應該基于互相尊重的地位，互相尊重別的民族政治上獨立自主的地位，反對吞併主義，收容主義，利用主義的各式各樣機會主義者，我們底反帝基本方向是一致的，但我們每個民族解決民族問題的具體辦法不是千篇一律的，我們不能也不應該強制別的民族不折不扣的接受自己解決民族問題的辦法，「民族問題的解決，祗有與歷史條件（從他們的發展中來把握）聯系起來，才有可能」。「某個民族所處的經濟的，政治的，和文化的條件，那便是解決某個民族應當如何組織起來，他的將來憲法應當採取何種形式這個問題的唯一鑰匙。在這種情形之下，每個民族需要特殊的解決問題的方法」。「我們應當堅決地反對一種極普遍而極空洞的「解決」民族問題的方法」。（約瑟夫：論民族問題），這是偉大的世界革命導師約瑟夫給民族問題的解決所給予的科學的指示。

然而，另一方面，我們不但不反對各民族反帝鬥爭中有統一的領導，而且認爲這是異常必要的。據說第四次國民參政會，已經通過這樣一個議案，請政府推動和組織遠東的反帝統一領導組織，這確是一個非常迫切的任務，我們不僅需要反帝的統一組織，而且需要一個共同的鬥爭綱領。中韓民族團結，是遠東民族反帝團結的模範，這個任務的推動，首先就應該落在這兩大民族的身上。

在互相幫助互相信任的基礎上，我們應該加强各民族間政治經濟文化各方面的聯系。尤其是中國，應該儘量利用自己較優越的條件，援助各個弱小民族。比方說，在帝國主義黑暗的統治下，殖民地反帝鬥爭在國內的發展，是比較困難的，我們應該給予他們在中國活動的便利。帝國主義國內的人民，更應該在行動上與殖民地的反帝鬥爭密切聯合起來，和援助他們。

對于民族內部那些民族改良主義者及動搖份子，應該跟他們作無情的鬥爭，從鬥爭中去克服他們，消滅他們，同時應該把民族內最優秀最堅決的份子組織成反帝的先鋒隊伍。沒有這一點的保證，民族鬥爭的勝利，民族壓迫的消滅是不可能的。

因此，鞏固和擴大遠東反帝統一戰綫的前提，首先是需要跟各種不正確的傾向作鬥爭；從鬥爭中鞏固和擴大起來。同時必須依據于互尊互助的立場，建立統一的領導組織，確定共同的政治綱領，在這樣的基礎上鞏固和擴大起來，更主要的，我們必須用國際主義的精神，進行各民族間廣泛的深入的教育，建立各民族間鞏固永久的團結。

遠東被壓迫的民族們團結起來

民族問題是一定社會發展的產物，他將隨着社會的發展而被消滅，民族問題的徹底解決，只有在人類不合理的社會制度被徹底消滅以後。未來的鬥爭正千百倍艱苦，鬥爭正猛烈的開展着，一切遠東被壓迫的民族們，一切反帝力量，團結起來。

帝國主義者又正用着許多花言巧語欺騙着世界弱小民族，說這是「聖戰」「義戰」「戰後給殖民地自主」，我們還能聽這一套鬼話嗎？不，不能，全世界的人民不再上當了，全世界被壓迫的民族與勞苦大衆，今天都已經用戰鬥的姿態，站上世界政治舞台，帝國主義的吸血鬼們，還我們的血債來！

全世界的被壓迫民族，已經積聚了二十年的慘痛經驗，已經懂得運用自己最有效的武器，鬥爭！

「十月革命的偉大的世界意義，最重要的有下列三點：第一，他擴大了民族問題的範圍，把他從反對民族壓迫的局部問題，變爲各被壓迫民族，各殖民地及半殖民地從帝國主義下解放的一個整個問題。第二，他給這一解放開闢了廣大的可能性和真正的道路，而大大促進了西方和東方被壓迫民族的事業，把他們吸收到勝利的反帝國主義的共同軌道上來。第三，因爲，他在社會主義的西方和被奴役的東方之間，架起了一道橋樑，從西方的無產者起，經過俄國革命，到東方的被壓迫民族止，建築了一條新的反對世界帝國主義的革命戰綫」（約瑟夫：論民論問題）。這一段話在今天特別有其深長的意義。

遠東反帝的烽火正在燃燒着，燒吧，燒吧，在這裏把日本帝國主義燒成灰燼，在這裏燒出一個新的中國，新的朝鮮，新的遠東來。

記住，當俄羅斯、中國、印度這三大民族獲得解放的時候，世界的問題就已經解決一半了。

× × × ×

朝鮮義勇隊過去兩年在推動遠東民族團結上，有着不可磨滅的功績，在朝鮮義勇隊二週年的今天，我沒有更好的禮物贈給朝鮮友人，我希望朝鮮義勇隊繼續過去的精神，爲遠東反帝統一戰綫的鞏固和擴大，光榮地發揮更大的作用。

編輯後記

首先，我們敬向各位熱心爲本刊題字及寫稿的先生們、致深深的謝意！可惜由于本刊急于付印，像于右任，何應欽，張治中，康澤，李友邦，張申府，賀耀祖，長江諸先生的題字，青山和夫，宋斐如先生的大作，都因爲收到過遲，不得不放到下期去。

漫劃宣傳隊的先生給我們設計封面，並贈送我們漫劃多幅，我們準備以後繼續，刊出，在這裏謹向漫宣隊的先生們一併致謝

矯漢治先生的「兩週歲的朝鮮義勇隊」，全文過長，本刊因受篇幅限制，只得割愛

朝鮮義勇隊

第四十期

朝鮮義勇隊三週年紀念特刊

目次

朝鮮義勇隊成立三週年紀念特刊

自强不息

蔣中正題

卷頭言

第一個參加中國抗戰的國際隊伍—朝鮮義勇隊，是在一九三八年十月十日在武漢成立的。在成立的過程中，即多承各方人士惠予協助。或則促成我們精誠團結，或則指示我們工作進行，或則給予我們精神鼓勵。更有賴於中國政府給與實際支援。才使本隊得以迅速誕生而參加了光榮的保衛武漢的戰鬥。這是我們深深感激而永誌不忘的。

成立迄今，瞬屆三年。我們同志，為了加緊打擊中韓兩民族共同的敵人—日寇。付從六個戰區十三個省份，與中國軍民並肩苦鬥。近更深入敵後。發動廣大韓民的反日運動，工作正在開展，猶待我們加倍努力，回顧三年以來的工作情形，深感任重力微，愧未樹立卓異之功，幸荷中國軍民之助，尙無若何隕越，非敢自慰，不過藉此鳴謝加惠者之隆意。今茲紀念，更承東方民族領袖蔣委員長及各方賢達，惠賜題詞，或慨撰鴻文，嘉慰有加，期責無甚，欣忭之餘，感奮萬分。

今日何日？為本隊成立三週年紀念日，而亦朝鮮亡國三十一週年之日，三十餘年的亡國慘痛，三年來的抗敵經驗，使我們深深認識：我們朝鮮民族要恢復自由，只有打倒日本帝國主義，要打倒日本帝國主義，就應該努力參加中國抗戰，中國抗戰的勝利，就是日本的失敗。因此也就是我們的勝利，為爭取中韓兩民族共同勝利的早日到來，決定今後更加力促中韓兩民族的團結，更加英勇的參加中國抗戰，以嚴重打擊共同的敵人，並決定乘承蔣委員長這次給我們的「自強不息」的訓示，而積極團結我們的力量，訓練我們的隊伍，使這隻朝鮮革命軍—朝鮮義勇隊壯大起來，擔負起粉碎敵寇，光復祖國的歷史任務。

我們知道：中國抗戰是很艱苦的。我們更知道：朝鮮獨立，尤為艱苦，由於日本帝國主義的殘酷鎮壓，由於朝鮮的地理環境，非僅朝鮮國內革命難以一時爆發，而國外反日力量也不易立即衝進朝鮮。但這一切一切，只不過說明朝鮮革命前途，艱險而遼遠，並不是以動搖我們最後勝利之信心。正因為我們了解朝鮮革命有比中國抗戰更艱險更遼遠的前途，我們也就特別了解 蔣委員長這次訓示的重要意義，我們今後決以自強不息的精神，來為中國抗戰，來為朝鮮革命而拚死奮鬥。

怎樣奮鬥呢？

還得感激王芃生先生這次的指示，王先生是特別關心朝鮮革命的，他這次的題詞是：

「革命須能捨小異，取大同。集中力量，深入敵後，先爭取在華朝鮮僑胞之團結，進而聯絡朝鮮本國之民衆。配合所有政治軍事力量，與中國抗戰，呼應一氣。打擊敵人，是為恢復朝鮮之大道」。

是的，這是朝鮮革命的大道。我們自來就是沿着這個大道前進，今承王先生明確指示，更將沿着這個大道前進，拚死奮鬥的沿着這個大道前進，相信在這前進當中，必能團結朝鮮國內外廣大的革命力量，以貢獻於中國抗戰和朝鮮革命的。我們深願東方各民族先進人士，多多給我們扶持。使得朝鮮革命早日完成。更願國內外朝鮮同胞，勿因「小異」而害「大同」。大家團結一致，鞏固強有力的革命戰線，同心協力，打擊日寇，民族前途，實利賴之。

三年來朝鮮義勇隊與今後工作方針

金若山

中國的抗戰已進入第五個年頭了，我們朝鮮義勇隊的旗幟飄揚在抗日的洪流中已整整地三年了！在這三年當中我們朝鮮義勇隊每一個隊員在戰鬥的生活中，在艱苦的工作中，都很充分地表現了：英勇雄偉的氣魄和堅苦卓絕的精神。我們到底從甚麼地方可以看出來這些貢獻和表現呢？我以為這些貢獻和表現，主要地從以下幾點可以看到的：

第一、朝鮮義勇隊在三年的工作當中，提高了朝鮮民族在國際上的地位。自從中國抗戰開始以來，全世界愛護和平的國家和民族都表示莫大的同情和關心。我們朝鮮義勇隊，高舉着民族獨立的旗幟，直接參加中國的抗戰，引起全世界的注目。而且因為朝鮮義勇隊直接參加中國的抗戰，使過去不大關心朝鮮革命問題的國際人士，也從新提起他們極大的注意？這就是我們三年來艱苦奮鬥的結果。

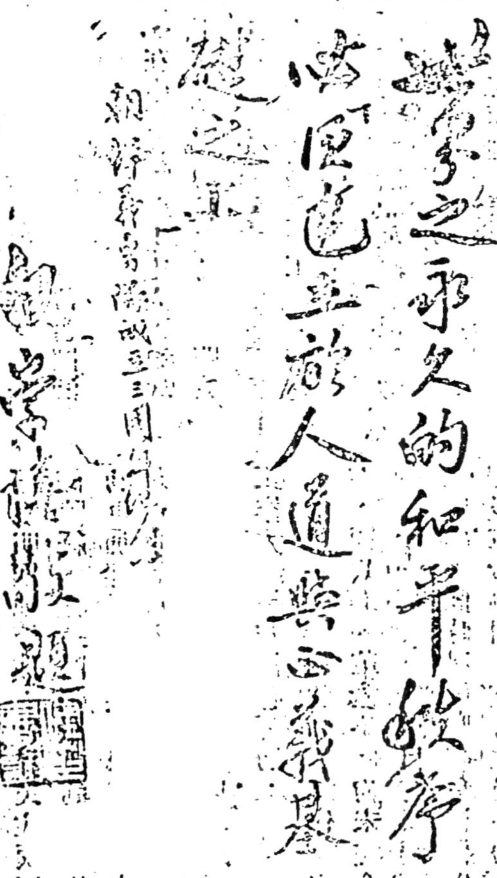

第二、因為朝鮮義勇隊旗幟飄揚在中國抗日的戰場上，使國內外三千萬同胞受到莫大的精神上的刺激和鼓勵。當然，任何國家的革命主力，在於國內而不在於國外，朝鮮也不是例外的。但是因為朝鮮在地理上和歷史上[illegible]日本帝國主義[illegible]鮮兩國，尤其是因為朝鮮民族與中華民族不但在歷史上有互助互愛的關係，同時近百年來同處於共同敵人——日寇壓迫之下，勢不得不生死與共患亂相救。所以朝鮮亡國以後，海外革命運動都以中國為中心；而且這種海外革命運動對國內革命起相當重大的作用，也是不可輕視的客觀的事實。正因為朝鮮革命運動具備着這樣特殊的條件，自從中日戰爭爆發以來，國內同胞對海外同胞所企望程度的如何是可想像的。所以朝鮮義勇隊就是順應着這種企望而產生出來的。當然，朝鮮義勇隊成立以後，我們所做到的工作成績，離我們國內同胞對我們所企望的程度相差很遠。但是無論如何，朝鮮義勇隊在中國抗戰之情形，久已傳播到國內各[illegible]中，使他們在精神上不但受到[illegible]安慰和[illegible]，同時也[illegible]助長了他們反日鬥爭的勇氣，也是不可否認的[illegible]們三年來艱苦奮鬥的結果。

第三、朝鮮義勇隊成立以後，[illegible]的基礎。中[illegible]兩民族不論在地理上歷史上，尤其是在受同一個敵人[illegible]位[illegible]，這些問題的[illegible]彼此朝鮮的獨[illegible]，結

[illegible]是。我們唯一的革命工作，再沒有比對敵[illegible]工作[illegible]
[illegible]的革命工作，最重要的[illegible]命工作，就是組織[illegible]工作[illegible]
[illegible]推動朝鮮革命，必須深入到朝鮮國內和東北[illegible]
[illegible]的展開抗日復國運動。我們要盡可能[illegible]一般
各種[illegible]著，展開這種工作而盡最大的努力；但是我們在這
[illegible]有[illegible]能克服這種困難，還沒有在可能展開這種工作和[illegible]內，
我們決不應該放棄我們可能做到的革命工作。而且我們更要明
白：假如我們對這個工作不能發揮應有的效能的話，更談不上
做第二步更困難的工作的問題。所以目前我們對這個工作，不應該採取輕視的態度，相反地我們要堅持積極的態度，要有耐心，有彈力，有持久性，有堅韌性，站在自己的崗位，忠實地執行自己任務。不要有浮躁妄動，不安心自己工作的現像。

第四：要爭取敵後方朝鮮同胞建立革命的武裝隊伍。義勇隊本身是幹部團，而不是群衆團體；是一種半軍事半政治集團。為着它本身的發展必須爭取敵後方同胞，同時要把他們武裝起來，成為能夠直接參加戰鬥的武裝隊伍。更進一步為着朝鮮革命和中國抗戰的重要，我們更不能不向這方而努力，當然，我們要在中國領土上建立朝鮮的武裝隊伍，難免有許多困難的地方。我們在原則上講起來：朝鮮革命和中國抗戰一樣，主要依據自力更生，但是我們目前所處的環境，是在抗戰中的中國領土內我們不容易與國內同胞取得密切的聯系，就是在敵後方淪陷區內的我們同胞，如不能得到當地中國軍民的援助，我們[illegible]很困難與他們接近。在這種[illegible]條件下，我們[illegible]取中國方面更大的援助[illegible]如何[illegible]也要有我們自己本身努力的[illegible]已在朝鮮國內二十餘萬，我們只要不怕困難，[illegible]深入到他們[illegible]，把他們組織起來，[illegible]有可能使他們自動地參加到我們這方面來，[illegible]朝鮮革命[illegible]中國抗戰而服務，或者使他們在當地參加反日反戰運動，[illegible]們建軍運動中，我們在華北的基本策略。我們從前去對於開展敵後方工作問題，抗戰不加以極大的注意和努力，不過因為各種條件的限止，我們就不可能把大部份的力量，集中到這方面來。但是今後我們一部份開始向華北進出，而且在華中也繼續展開敵後工作。當然我們在這工作當中，遇到許多困難和犧牲。但是我們堅決的相信，在全體同志不怕困難，不怕犧牲的堅決的革命精神之下，不但能夠把華北二十萬同胞團結在我們旗幟之下，同時與東北朝鮮武裝隊伍取得密切的聯繫，在不遠的將來，一定可以建立堅強的統一的朝鮮民族的武裝隊伍，以爭取朝鮮民族的自由解放，并促成中國抗戰的最後勝利，我們要以最大的希望和勇氣，去迎接在我們前面的勝利！

以上四點都是目前我們重要的工作方針。在某種時期特別注重某一點，但是，同時我們決不可為着偏重某一點，放棄其他點。

——完——

信，只要我們在工作上堅決努力，在主張上公平中正，一貫的向着統一的目的往前邁進的話，沒有任何力量可以阻止我們達到我們的目的的。

第二、要加強國際宣傳事業。我們朝鮮義勇隊參加中國抗戰，一方面執行我們爭取朝鮮自由獨立的民族的任務；在另一方面，執行我們援助中國抗戰的國際反法西斯任務。所以我們應該盡量地把朝鮮國內人民受日寇野蠻的壓迫搾取的情形與其不斷展開反日鬥爭的行動，特別要向中國抗日的軍民擴大宣傳，以謀提高他們民族的覺悟并助長他們鬥爭的勇氣；而且進一步我們要向全世界人士特別在日本法西斯侵掠下之弱小民族廣布，以引起他們的同情和關心。這是一方面，在另一方面，我們又要把中國抗戰如何勝利情形，與敵人在戰場上如何失敗的消息，向國內人民擴大宣傳，以資精神上的鼓勵與援助；而且進一步要向全世界人士擴大宣傳，以謀引起他們對中國抗戰更進一步的同情和援助。最後我們應該站在世界反法西斯立場上，特別站在東方反日本法西斯的立場上建議早日建立東方各民族反日本法西斯國際統一戰線的必要。這些工作對中韓兩民族合作上，有莫大的關係；已無足論；進一步對東方被壓迫聯合抗日的前途上也將起莫大的影響。而我們做這些工作，也有許多困難的地方。但是我們也應該明白，這些工作就是我們最有可能做到的工作之一。所以今後我們要對這些工作特別努力，以謀擴大朝鮮義勇隊政治影響，并為國際反侵略文化事業而服務。

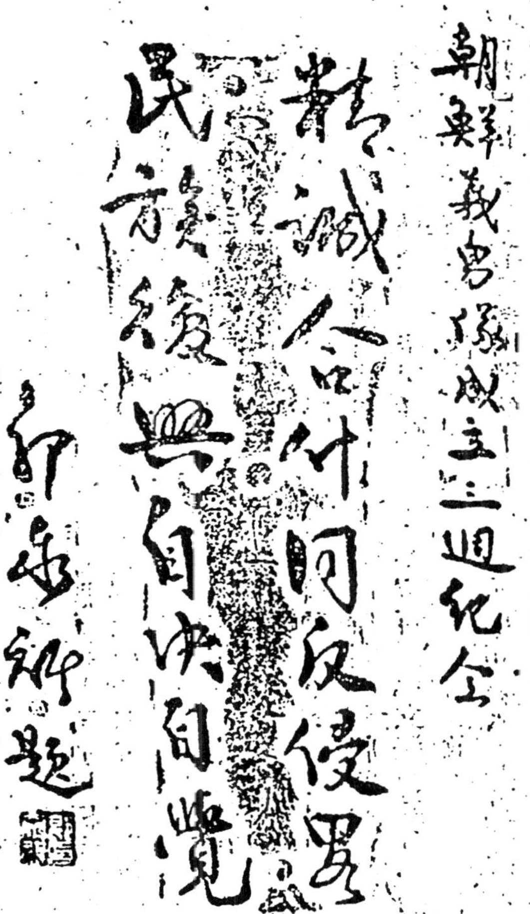

第三、要加強對敵宣傳工作。自從朝鮮義勇隊成立以後我們對這個工作特別注重過，而且我們在這個工作上收到豐富的經驗和寶貴的成績。但是正因為我們對這個工作做的有點專門化，而且做的時間也太長了，所以有些人對這個工作難免發生厭煩之感；甚至有些人以為對敵宣傳工作不過是一種技術工作，對朝鮮革命并不能發生重大的作用，所以應該做些比較實際有效的軍事政治工作來推動朝鮮革命，同時援助中國抗戰，不應該老是做這種技術上的工作。但是他們這種觀點并不是完全正確的。因為對敵宣傳工作，就是中國抗日戰爭中最重要的政治工作之一，并不是一種技術工作；而且瓦解敵人的部隊，使他們反對侵華戰爭，發動日本國內革命戰爭，就是推動朝鮮革命和援助中國抗戰的最有效的辦法之一。何況我們宣傳對象不單單限止在日本士兵的範圍內，同時要擴大到敵人隊伍裏及淪陷區域內數十萬朝鮮同胞之中，這無問題地就是一方參加中國抗戰同時發動朝鮮革命的一件事情的兩方面。所以我們對這個工作，不應該給過低的評價。當然，這并不是說：對敵

[illegible]工作，是。我們唯一的革命工作，再沒有比對敵宣傳工作[illegible]當然，最重要的革命工作，就是組織群衆[illegible]推進朝鮮革命，必須深入到朝鮮國內和東北朝[illegible]的展開抗日復國運動。我們要盡可能克服各種困難，而[illegible]展開這種工作而盡最大的努力；但是我們在這[illegible]有時能克服這種困難，還沒有可能展開這種工作的範圍內，我們決不應該放棄我們可能做到的革命工作。而且我們更要明白：假如我們對這個工作不能發揮應有的效能的話，更談不上做第三步更困難的工作的問題。所以目前我們對這個工作，不應該採取輕視的態度，相反地我們要堅持積極的態度，要有耐心，有彈力，有持久性，有堅韌性，站在自己的崗位，忠實地執行自己任務。不要有浮躁妄動，不安心自己工作的現像。

第四：要爭取敵後方朝鮮同胞建立革命的武裝隊伍。義勇隊本身是幹部團，而不是群衆團體；是一種半軍事半政治集團。爲着它本身的發展必須爭取敵後方同胞，同時要把他們武裝起來，成爲能夠直接參加戰鬥的武裝隊伍。更進一步爲着朝鮮革命和中國抗戰的需要，我們更不能不向這方面努力，當然，我們要在中國領土上建立朝鮮的武裝隊伍，難免有許多困難的地方。我們在原則上講起來：朝鮮革命和中國抗戰一樣，主要依據自力更生，但是我們目前所處的環境，是在抗戰中的中國領土內我們不容易與國內同胞取得密切的聯系，就是在敵後方淪陷區內的我們同胞，如不能得到當地中國軍民的援助，我們[illegible]與他們接近。在這種條件下，我們[illegible]取中國方面更大的[illegible]如[illegible]也要看我們自己本身努力的如何來[illegible]一部已在朝鮮[illegible]二十餘萬，我們只要不怕困難，[illegible]深入到他們[illegible]，把他們組織起來，[illegible]有可能使他們自動地參加到我們方面來，[illegible]朝鮮革命[illegible]中國抗戰而服務，或者使他們在當地發動反日反戰運動，[illegible]們建軍運動中，我們[illegible]的基本原則。我們[illegible]去對敵開展敵後方工作問題，并且不加以極大的注意和努力，不過因爲各種工作的限止，我們就不可能把大部份的力量，集中到這方面來。但是自今秋我們一部份開始向華北進出，而且在冀南中也繼續展開敵後工作。當然我們在這工作當中，遇到許多困難和犧牲。但是我們堅決的相信，在全體同志不怕困難不怕犧牲的堅決的革命精神之下，不但能夠把華北二十萬同胞團結在我們旗幟之下，同時與東北朝鮮武裝隊伍取得密切的聯繫，在不遠的將來，一定可以建立堅強的統一的朝鮮民族的武裝隊伍，以爭取朝鮮民族的自由解放，并促成中國抗戰的最後勝利，我們要以最大的希望和勇氣，去迎接在我們前面的勝利！

以上四點都是目前我們重要的工作方針。在某種時期特別注重某一點，但是，同時我們決不可爲着偏重某一點，放棄其他點。

——完——

抗戰與革命

——祝朝鮮義勇隊成立三週年——

陶滌亞

二、抗戰與革命是不可分的。

在中國，國民革命的目的，在求中國之自由平等，而這目的恰與日本帝國主義要奴役中國，滅亡中國的夢想相反；因此，她在客觀上必然要阻撓中國革命，破壞中國革命；我們在客觀上必然要排除這個革命障礙，打倒這個革命對象。由於這樣的衝突和激盪，便註定了日寇必然大舉侵略和中國必然奮起抗戰的命運。也就是告訴我們：必須爭取抗戰勝利，纔能完成國民革命。

中國抗戰與革命的不可分，是很顯然的。

同時，從另一角度去看，朝鮮的革命與中國的抗戰也是不可分的。因為朝鮮民族，在文化上，和中國是一脈相傳，在地理上和中國是唇齒相依，在遭遇上和中國是患難相共，在敵體上和中國是對象相同。日本帝國主義滅亡朝鮮，是侵略中國的初步，朝鮮之被滅亡，在我們真有如切膚之痛，我們三民主義的革命，不僅要解放自己，同時也要解放我們同被壓迫的兄弟：換句話說，也就是中國的抗戰不但是打倒鴨綠江邊就算勝利，而且要使日本帝國主義鐵蹄踐踏下的一切民族重見天日，在這個前提之下，自然，朝鮮民族是我們革命的伙伴，抗戰的伙伴，朝鮮民族要想爭取自由解放的革命運動成功，只有和中國的抗戰力量站在一起。

中國抗戰與朝鮮革命的不可分，又是很顯然的。

三年前的今日，朝鮮義勇隊在漢口的成立，便是極有意義的顯示着朝鮮同志已將朝鮮的命運和中國的命運聯繫在一起。三年以來，朝鮮同志在後方奔走呼號，在前線出入槍林彈雨，更是證明着朝鮮戰士已和中國戰士戰鬥在一起。今天是中國的國慶日，又何嘗不是朝鮮的國慶日？今天的日歷上染有中國革命先烈的血跡，又何嘗沒有染着朝鮮革命先烈的血跡？今天，偉大的今天！值得紀念的今天！它使中國抬起頭來！也使中韓兄弟攜起手來！

目前的形勢，是已到了光明與黑暗最後決勝的關頭，中國抗戰勝利業已在望，朝鮮革命成功也在不遠，不過，「為山九仞，功虧一簣」，這句中國從古以來為人人服膺的警語是值得我們銘記的！我們的朝鮮同志今天紀念　勇隊成立三週年以後，應該記取三年以來的奮鬥經驗，更加振奮，更加努力：以與我們共同的敵人搏鬥！在這最後決勝的時期，我們不能放鬆半點，軍事第一，勝利第一是我們努力的指針，也是朝鮮同志努力的目標。

中韓民族的一致行動，共同努力，一定可以打倒日本帝國主義！一定可以解放東亞一切被壓迫民族，在國際舞台上高視闊步，揚眉吐氣。

努力！努力！大家努力！努力爭取抗戰勝利！

中國抗戰與朝鮮獨立

劉百閔

日本帝國主義是最野蠻的國際土匪，，是被壓迫民族的天字第一號公敵，它的所謂「大陸政策」，便是要把被壓迫民族用鐵鏈鎖着永遠踏在脚底。在它的毒爪之下，朝鮮是被犧牲了，中國也受着不斷的欺侮。然而愚蠢的日寇是失算了，它不知道偉大的中華民族忍耐是有限度的，也不知道優秀的朝鮮兒女是不願永遠作奴隸的。現在這兩大民族，終于英勇地站起來和日寇展開了生死存亡的大搏鬥！

朝鮮自受着日寇野蠻的統治以來，革命志士曾前仆後繼的奮起：如一九一九年轟轟烈烈的大運動，如虎之門二重橋的兩次起義，如義烈團的運動，如聯合上海臨時政府與內地民衆的五月大革命，以及一九二九年底的光州大暴動，一九三二年的上海炸彈事件，一九三八年的忠勇救國軍光復成歡水源……總計一九一九年到現在發生的大小革命暴動，已不下四千餘次，死難烈士已不下四五萬人。這證明朝鮮的人心未死，朝鮮的優秀兒女終不是日寇的機關槍大砲所能懾伏的。然而百足之虫的日寇，究不是一擊可死的，在客觀條件未成熟之前，朝鮮志士的革命運動終不能不歸于失敗。現在可不然了！偉大的中華民族已憑四年餘的苦鬥，縛住了日寇的手脚，日寇實已到了奄奄一息的時候：論人力，死傷已達一百數十萬，兵力已被削弱了大半；論財力，經費已消耗二百萬萬元，公債已發行三百萬萬元，黃金搬出一空，外匯亦已所餘無幾；論物力，資源貧乏的日寇，經過四年餘的大量消耗，不但已無法供給工業的需要；連人民的生活必需品亦已無法供給。總之，日寇的一切國力都已被中國打光了，這實在已到了朝鮮民族翻身的絕好時機！

在中國抗戰的四年間，朝鮮兄弟在國內國外，都能配合中國作戰，加倍的奮鬥。尤其在中國的朝鮮兄弟，且出入槍林彈雨，作瓦解敵軍工作，或與敵軍交綏，這種革命精神誠堪佩服！但是在戰爭愈接近決定階段而環境也愈趨艱苦的今日，中韓兩民族必須更緊緊的握手，更親密的團結：爭取抗戰勝利的早日來臨！因爲東方被壓迫民族的未來運命，都繫於中國這次抗戰的成敗。在中國抗戰勝利之日，不待說，也就是朝鮮獨立完成之時！爲了對付共同的敵人，爲了達到共同的目標，我們必須把握住這千載一時的良機，共同加緊努力奮鬥！

朝鮮義勇隊三週年紀念特刊

一心自救
共赴同仇

陳立夫題

我們要學習朝鮮義勇隊

青山和夫

中國抗日戰線上，最大而且是有力的國際隊伍——朝鮮義勇隊今已迎着輝煌的三年歷史。我們姑不提朝鮮義勇隊三年來的困苦情形，只對牠三年來與侵略的日本法西斯進行英勇的鬥爭中成功的發展，并對中國解放戰爭遂行犧牲的援助，表十二萬分的尊敬。同時以日本革命爲目的的我們，對于我們的模範，我們的大哥，我們的革命先輩——朝鮮義勇隊的擴大發展，更表十分欣慰。

我們深深的感謝，朝鮮義勇隊在大武漢保衛戰中成立以來，牠在革命的立場，給我們種種的先導，而且牠在前綫對敵工作的創造，和對日本革命的種種先導，是可以當我們的大哥，這是我們不能忘記的。特別是我深深的感謝從我們的研究室擴大以來，朝鮮義勇隊大哥們所給我們的援助，我們決以加一層的，革命前進來報答它。

今日是中國國民革命的友軍
明日是朝鮮民族解放的先導

敬以此語祝
朝鮮義勇隊成立三周年紀念
張治中
三十年十月

爲了打倒日本法西斯帝國主義；爲朝鮮民族的獨立解放而猛鬥的戰鬥隊伍和日本革命的勞動階段間的密切聯結，是用不着說非常重要的。這樣，以朝鮮義勇隊爲大哥與援助中國抗戰的日本革命份子結成革命的關係，是日本革命鬥爭運動史上有空前的歷史意義。我們爲了造成這歷史的意義，非向着更有意義方而努力不可。尤其是當着援助中國抗戰的日本革命反戰份子的鬥爭及其組織，都處於微弱狀態的今天，我們非得朝鮮義勇隊當爲革命的先輩和大哥來模範不可。

我們應該把朝鮮義勇隊三年來的困苦奮鬥，革命的犧牲精神和堅決的團結與發展，是給我們重大的教訓，而且是值得很尊敬的。我們今後更以加一層的革命的前進來報答金隊長若山以下數百名隊員給我們的援助。

（浩譯）

東方各民族聯合起來

沈鈞儒

蘇德戰爭爆發以後，反法西斯反侵略運動已在世界範圍內廣泛地展開，為了民族的自由與獨立，為了人類的正義世界的和平，一切愛好和平的民族已經聯合起來站在一條戰線上，打擊瘋狂的法西斯侵略者。

在西方，法西斯德國及其匪幫對蘇聯的進攻，遭遇了蘇聯人民的堅強抵抗，以英蘇兩大民族的親密合作為基礎，反法西斯陣線已經建立起來，在法西斯強盜奴役統治下，十餘國的人民英勇地投入反法西斯鬥爭的狂潮裏。

在東方，中國抗戰進行到第五個年頭，把日本強盜的侵略兇焰大大挫折了，爭取民族獨立解放的朝鮮人民反日運動已在國內外蓬勃地展開，動搖了日本強盜侵略的基地。自從日本侵佔了海南島，奴役了越南民族之後，所謂「東亞新秩序」，「大東亞共榮圈」的狂妄口號，已使東方各民族感受到極大的威脅。東方各民族聯合起來，共同抵抗侵略者，現在是最好的時機，而這一聯合正以中韓兩大民族的攜手為起點，日益具體和成功。

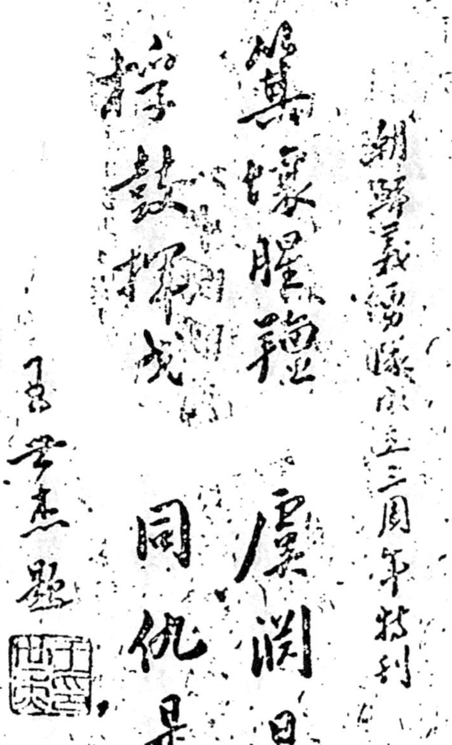

朝鮮義勇隊三年來參加中國抗戰，在　蔣委員長領導下在中國各戰場進行瓦解敵軍工作，樹立了中韓兩民族聯合抗日的光輝的模範，我們相信今後朝鮮義勇隊在建立武裝部隊向朝鮮挺進的鬥爭過程中，對于中韓兩民族的抗日聯合戰綫必將有更大的貢獻，我們相信中國境內乃至散佈在世界各地的一切朝鮮革命團體革命武裝必能堅強團結為民族獨立解放祖國光復而鬥爭，我們相信在中韓兩民族親密合作的基礎之上，東方各民族的反日聯合戰線，將會順利地建立起來，配合全世界反法西斯反侵略運動，在東方粉碎侵略者。

東方各民族聯合起共同奮鬥，我們相信法西斯侵略者，必然消滅，中國與朝鮮乃至一切被壓迫民族必然獲得獨立與自由

朝鮮義勇隊三年來工作的總結

韓志成

「當我寫三年來工作的總結時，接到敵後某地來信，派去敵後工作的×等同志被補就義其中×同志則逃他的母親也被捕去給野蠻的日本憲兵打得直到死了！×等同志是為了開展第三年的中心工作而第一個光榮犧牲的同志，我們全體同志應該更充分的執行已定了的工作來安慰×同志在天之靈。」

朝鮮義勇隊成立於一九三八年十月十日，旋即參加中華民族的英勇壯烈的抗日戰爭，已有整整三年了。

這枝國際的隊伍，朝鮮民族的革命隊伍，在三年來的參戰中，到底做了些什麼？對於中國抗戰，對於朝鮮民族的獨立解放盡了些什麼？

今天，敵我正作你死我活的戰鬥的時候，我們要推進第四年的工作，必須澈底的檢討過去。這不是為了自我武裝作批判過去而為的，而是把過去的經驗與教訓應用在今天的工作上以便目前的工作，更有力的更活潑的開展。

如果說打倒法西斯軸心國家是全世界民主國家的急先務，那麼，凡是反法西斯的反侵略的應該不分國家不分民族，不分國家制度，都緊密的團結起來，如果說打倒日本法西斯侵略強盜是被日寇侵略蹂躪的中國，朝鮮安南等民族共同的而且最迫切的任務，那末我們亦應同樣的不分國家不分民族精誠的聯合起來親愛的協助，完成目前唯一的任務—打倒日寇。

今天朝鮮和中國的聯合抗日不是憑空的理論，而已成了現實問題，我們今天要把暫存的，具體的，現實的條件做根據，應進一步研究中韓兩民族的聯合抗日問題。

在這種意味上，願把本隊過去的工作情形和自我的批判向關心我們的同志和先生們供給研究。

三年來的工作

三年來的工作，可分為兩個階段，第一階段是自從成立到去年的下半年，第二階段為去年下半年起，更確實的說，本隊成立兩週紀念及第一次擴大幹部會議以後起的。

第一階段的工作：

一、工作的目標及原則

本隊的任務是(一)動員在華朝鮮革命力量及朝鮮同胞積極參加或支持中國抗戰。(二)完成朝鮮革命的地域的特殊任務，來推動朝鮮革命運動，解放祖國。(三)爭取日本軍民，發動東方弱小民族做反日本帝國主義軍閥的鬥爭。

我們的原則是：站在朝鮮民族的立場，參加整個中華民族的抗戰，我們是亡國民族，目前我們的至上而迫切的目標是求民族的獨立和生存，為了打倒日本強盜求民族的獨立自由，我們要和任何一個抗日力量都取得密切的聯結同時要配合起來，但是我們今天在中國的領土上抗日，應該服從於整個中國抗日作戰的領導。

在這種工作目標及原則之下第一階段的主要工作是對敵宣傳工作，對一般軍民宣慰工作，國際宣傳及發動朝鮮同胞反日門爭工作：

甲、對敵工作

（一）陣地上對敵宣傳工作：在與敵對峙的陣地上或距敵二三百公尺或近至五六十公尺之地點向敵人宣傳中國抗戰必勝日本軍閥必敗之道理，以喚起日本軍民厭戰反戰情緒的工作。舉主要的場面來說則如一九三九年二月在鄂北隨縣浙河畔上的對敵演講，一九三九年三四月在湘北錫山羹公橋通城等襲擊時之喊話，同年二月桂南崐崙關會戰時之對敵宣傳，一九四○年南昌攻擊戰時在奉新，高郵及錦河畔的對敵宣傳，竟傳敵人拋棄槍械而表示向我投誠，同年二月在鄂北長嶺爲鶴山下與敵舌戰，同年四月隨縣廟兒坡之反戰歌劇，都是中國抗日戰場上對敵宣傳工作中破天荒的紀錄。而同時通過這種實際的工作，喚起了成千累萬的中國軍民對敵工作的興趣和注意。

（二）參加戰鬥破壞工作，參加戰鬥中進行宣傳或直接參加戰鬥破壞之工作則有一九三九年正月在鄂北隨縣余家店的武裝宣傳，同年三，四，五月間在湘北參加攻擊翔鳳三次，錫山三次，秩桂巷二次，羹公橋二次，襲擊紅山，何家屋嶺家汪家萬家作等十四次，伏擊下東港，大沙坪十里市北港等十次，破壞方面，則有五六次破壞敵之通訊橋樑前後四五十次破壞敵之坦克車，一九三九年至四○年間參加鄂北會戰三次，三九年十二月參加江西乾州街之襲擊戰，中條山第十二次反掃蕩戰，四○年二月萬山戰役及杭州城內之驚人的破壞工作，同年二月在豫北林縣及汲縣一帶破壞敵之通訊網及鐵路，有的參加中國的敢死隊與敵肉搏，有的參加便衣隊，有的引導戰鬥部隊與敵血戰（杭州郊外戰鬥中）前線的同志更在敵人的槍林彈雨中進行了最勇敢的革命的宣傳。

（三）印發傳單：印發日文，朝鮮文及中文的小冊傳單標語等，在二年來印發小冊子五萬餘冊，傳單五十餘萬張標語四十餘萬張，敵偽投誠通行證萬餘張，這都是我們向日本軍閥心窩裏投進去的炸彈。

（四）教育俘虜：本隊派同志到××××及×××等各俘虜收容所及俘虜訓練機關協助軍政部及政治部訓練俘虜，由中國政府軍政部釋放編入本隊者將近有五十餘名，在各戰區訓練俘虜僅就××及×××兩地來說亦有七十五名，詢問俘虜有一百二十二名。

（五）翻譯敵之文件：本隊派在各戰區的工作同志協助長官部及政治部收錄敵之播音，翻譯敵之文件，以供作戰上參考而得效果的也不少，二年來翻譯文字僅以第一，第五戰區兩地已有九十五萬字之多。

（六）教育對敵宣傳幹部：協助各戰區長官部及政治部舉辦短期日語訓練班，在陣地選拔優秀士兵訓練低級對敵宣傳人員，

[illegible]朝[illegible]同志攜手
[illegible]中[illegible]義武是雄圖
朝鮮義勇隊成立三週年
紀念特刊
劉峙題

同時隨地隨時教授日語，二年來訓練六萬餘中下級對敵宣傳人員教授時間累計有四千餘小時。

（七）藝術宣傳：除了文字的，口頭的宣傳之外通用漫畫，風箏，人形等各種方法隨時應機的進行了對敵宣傳工作。

二、對於一般軍民之工作

本隊之旗幟，他有深刻的豐富的意味，和特別的刺激性，因此我們安慰和鼓舞中國抗日軍民的作用也大了，我們在長沙平江瀏陽隨縣大洪山，中條山林縣江西浙西桂南凡是我們所到的六個戰區十三省的前線敵後方及大後方用我們在心底裏積累着的同情和熱情接近民衆，和士兵與民衆共同生活共同甘苦，以在這部工作裏曾留下了可歌可泣的無數的故事，這種故事將在中韓兩民族的心的交流中起着極大的作用。

三、國際宣傳

為了爭取全世界愛護和平人士的對抗日戰爭的同情起見我們站在朝鮮民族的立場曾做了廣汎的國際宣傳。首先表現最有力的反映是在華的台灣革命同志自動的組織台灣義勇隊參加中國抗戰，日本反戰弟兄也組織日本人民反戰同盟來參加中國抗戰，東方的被壓迫民族及被壓迫人民們都在中國抗戰的周圍緊密的團結起來了，這是中國抗戰必勝的表徵。我們的參戰引起了美國印度安南及蘇聯等國家人士的興趣和注意，他們的在華特派記者都特別撰文發表於各該國的報章雜誌上，美國，南洋的人士們甚至於指款援助本隊。國際人士對於本隊的同情就是對於中國抗戰的同情，使我們更興奮的是中國境內的小數民族如蒙藏回苗等族特地來信鼓舞我們。

四、發動朝鮮同胞工作

中國的抗戰給與亡國三十年的朝鮮民族莫大的興奮，朝鮮革命者組織起來的朝鮮義勇隊與中國政府配合抗戰，這更使朝鮮民族激動起來，並且給朝鮮民族以獨立的自信和光明的希望。我們一方面出刊朝鮮文的雜誌及叢書，並利用無線電廣播每週二次向朝鮮國內及在華，美州同胞演講，在另一方面忠實的執行我們的任務——抗日鬥爭擴大鞏固自己的隊伍加緊中韓的關係來鼓勵朝鮮同胞。使朝鮮同胞站在民族革命的途上來，對此首先反映的是在美的朝鮮僑胞自動組織朝鮮義勇隊後援會，總動員在美韓僑在精神上物質上予以積極援助，其次在朝鮮國內的人民據最近自國內來此者的報告，在全朝鮮一般宣傳着朝鮮義勇隊是三千武裝隊伍，他們希望於本隊的非常之大，再其次是淪陷區域的朝鮮同胞他們也希望在我們的旗幟之下為祖國的解放而努力。敵人在北平組織朝鮮義勇隊同樣的隊伍混亂朝鮮人民的視聽離間中韓之關係，在上海出版雜誌專門做離間本隊與朝鮮羣衆之團結分化革命的力量，在前線利用奸細懸償抓住我們的同志，從敵人對於本隊這種種的對策看來，足以表示本隊給予朝鮮人民的影響之大，今天的朝鮮人民既然信仰本隊，只待我們去發動他們組織他們，教育他們成為堅決有力的革命羣衆。

第一階段工作的經驗與教訓

為了檢討年來的工作，策劃第三年工作起見以本隊成立第二週年為機契在重慶隊本部召開了第一次擴大幹部會議，各區隊各獨立分隊都派區隊長。分隊長出席參加，這次會議是本隊工作上的分水嶺，會議中嚴格的批判了過去的工作，並一致認定：

一、二年來的工作在中國總政治部及指導委員會領導之下，所進行的各方面工作得到相當的成效。

二、對敵宣傳工作因為和軍隊，民衆政治各方面未能完全配合起來，同時因爲主觀方面種種限制未能達成預期的目標，而且所遇到的困難是以我們的能力無可克服的。

三、對敵宣傳因爲沒有武裝化，所以很難以有効的進行。

四、發動朝鮮同胞的工作尚屬不够。

五、工作上自動的自力更生的精神缺乏。

因此一致決定：

（一）發動在海外的及國內的朝鮮同胞，完成朝鮮獨立。這是幫助中國抗戰的最至上而最有力的辦法，因此我們要挺進朝鮮羣衆地帶去，我們的運動必須要建立在朝鮮民族的社會的經濟的基礎上。

（二）解放朝鮮民族爭取民族的和平幸福必須以民族的武裝作爲利器，朝鮮義勇隊是在華的朝鮮軍事政治幹部所組織起來的，在中國抗戰的過程中，應該負担起建立朝鮮民族武裝的一部任務。

（三）發動朝鮮同胞，建立武裝的隊伍，必須要變更過去的工作方式，將過去分散的移動的政治宣傳的工作改變爲集中力量做戰鬥行爲來建立根據地，同時更要以戰鬥的勝利來號召朝鮮同胞參加到革命的陣營裏來。

（四）各戰區長官部及政治部工作着重於日語幹部的訓練。

第二階段的工作

第二階段的工作是依據軍委會政治部暨指導委員會的指示及本隊第一次擴大幹部會議的決議，來進行的。

一、教育訓練工作

爲了執行擴大幹部會議的決議，開展新的工作起見，首先要將隊員加以特別訓練以準備新的工作。於是集中第一區隊第二區隊第三區隊部各工作同志在洛陽予以訓練三個月。順利的完成了預期的教育目標。

二、發動朝鮮同胞工作，這是第三年的中心工作，爲了更有力的發動朝鮮同胞起見集中各戰區區分散的力量移動到敵後，正準備集體的戰鬥，並派員深入敵後與朝鮮革命者取密切聯結，訓練，移動，集中，準備這是第三年的中心工作。在美州方面成立了在美韓族聯合會，以統一的指導發動在美朝鮮同胞援助在華朝鮮革命運動；在菲律賓設立本隊通訊處，教育組織發動僑居南洋的朝鮮同胞。在這期內值得更欣喜的成効是能與國內的革命同志取得連繫了。

三、前線工作：前線工作以長官部及政治部的日語訓練爲重，其次是在西安洛陽等地的流動宣傳隊的工作，曾給一般軍民深刻的刺激，並把公演的話劇的收入合計二百餘元獻給政治部及婦女慰勞會。

三、三年來工作的總結

戰鬥的三年，興奮的三年已經過去了，回顧三年的經過，實在令人感慨萬端，一批沒有基礎和國際地位的亡命在華的亡國的革命者，所經過的途徑是不平常的，雖然我們的組織和工作是簡單，但正因爲朝鮮政治是整個世界政治的一環，所以所受到的影響也沒有例外的。

三年來我們在中國最高統帥，蔣委員長和本隊指導委員會直接領導之下，努力進行了抗日鬥爭並且學習中國抗戰革命的豐富的經驗，然而今天覺得非常慚愧，對於中國抗戰對於朝鮮革命所貢獻的太少。

三年當中我們犧牲了不少的老同志，他們幾十年來在與日本帝國主義的憲兵警察細探監獄作鬥爭，和苦難的環境作鬥爭，而今天在中國的抗日戰場上留了光榮的血跡，這是使我們永遠銘記的悲壯的記憶。同時在三年中增加了將近三倍的生力軍，他們正在前線和敵後前仆後繼的英勇奮鬥。今天中國抗戰正在最艱難的環境，在我們的前途更是艱險萬分，然而今天中華民族在英明的，蔣委員長領導之下進行堅決的抗戰，今天中蘇英美及全世界一切反侵略反法西斯的國家打成一片對法西斯徒逐漸做全面的戰鬥的時候，我們相信朝鮮民族的前途是光明的，今天我們依據積累的經驗和教訓以自覺的革命決心向已定的工作方向邁進！——建立朝鮮民族的武裝，發動朝鮮革命完成朝鮮獨立來援助中國抗戰。我們知道革命的艱難的，何况沒有雄厚力量的我們的前途必定有種種的困難，但我們相信這種困難是祇能鍛鍊我們使我們更加發奮而前進！

一九四一，九，二九，

朝鮮義勇隊的政治路線

王　通

今年的雙十節是朝鮮義勇隊成立第三週年紀念日。的確，我們的義勇隊是從鬥爭中壯大起來了。這是誰也不可否認的鐵的事實！

這個勝利的戰蹟是除了全體同志英勇奮鬥的工作和中國政府以及中國民族的援助的結果，而且更有了革命的正確的政治路線而得來的。我們是一貫的堅持了這個政治路線，不僅僅是過去和現在而且在將來也一定向着這革命的正確的方向前進的。那麼這革命的正確的政治路線的具體的內容是什麼。

（一）我們是朝鮮民族的隊伍

（1）今天朝鮮民族最主要的唯一的共同的目標，是朝鮮民族的徹底的解放，是爭取朝鮮民族獨立。金隊長時常提出兩個口號；「民族第一」「獨立第一」，這兩個口號是非常正確的把握住了目前我們要努力的革命的方向，是本隊的政治精神。我們雖然住在中國國內，但一時一刻也沒有忘記我們朝鮮民族的前途，我們認為只要是對朝鮮民族有利益，那麼不怕一切的困難犧牲，不管陣地，敵后或者是敵已佔領的城市里也好，願意去工作的。正因為我們是民族的隊伍，負有民族解放的偉大責任，所以我們一切的言論，行動，宣傳，組織等都針對着在日本帝國主義壓迫和剝削之下呻吟着的朝鮮民族身上，我們一切的精神都為着打擊日本帝國主義而集中的。不分華南，華中，華北，也不分陣地上，敵後，遊擊區，我們是金隊長所指示的「民族第一」「獨立第一」這堅定的本隊政治精神領導之下，和中國的國民革命軍，老百姓緊密的攜起手來，把我們的槍口一致瞄準敵胸膛的！

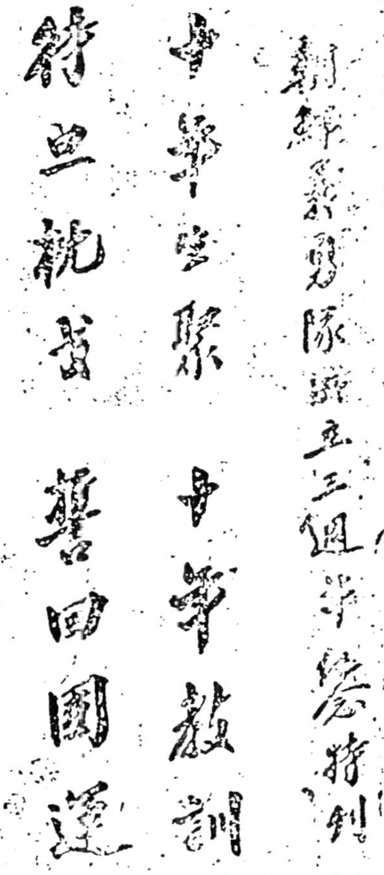

（2）我們義勇隊不是某階級的隊伍，而是民族的隊伍。隊員的成分雖然不一樣，隊員的出身雖然各樣，但他們都在敵人的壓迫和剝削之下被迫到中國來，已有長久反日鬥爭經驗的人們，因為這樣他們對日本帝國主義的仇恨是太深刻的。他們只知道我們的敵人是一個——日本帝國主義。正因為義勇隊不是某階級的部隊，因此，凡是反日的朝鮮人民都有權利參加的，並且非常歡迎參加到我們義勇隊來。只要是不違反民族利益，不反對反日的鬥爭綱領，絕對服從隊的紀律，那麼不問思想，信仰的如何。並不是某某思想是歡迎參加或某某思想是排斥，而是把反日的全部民族都團結在義勇隊的旗幟之下，來和日本帝國主義決鬥，爭取朝鮮民族的獨立。我們要建立新的國家，不是光復舊韓國，也不是歐美式的議會制度的國家，也更不是蘇聯那樣的社會主義國家，而是全民自由幸福的新的朝鮮民主共和國。本隊並不是服從於某一個階級，而是服從於全民族的。

「我們是被日本帝國主義宰割下的殖民地，我們是被壓迫民族的革命的立場，參加中國抗戰，以爭取中國抗戰的勝利和朝鮮民族獨立解放，所以對我們自已，朝鮮民族是反日民族統一戰綫，就是朝鮮民族在它全體民族共同反日的立場上，不分階級，不分黨派，只要不是認賊作父的民族敗類，我們就和他們共同建立反抗日本帝國主義的革命的統一戰綫」（見：本刊三十九期五頁）

（3）其次我們都絕對不願意把義勇隊停留在今天的力量程度上，而是「為了適合今天朝鮮革命運動的需要，為了適合今天抗戰的需要，為了適合這個偉大時代的需要，我們朝鮮義勇隊必須更加堅強，鞏固，發展，和戰鬥化，以充分發揮它的積極作用」（金若山）

我們都願意犧牲自已一切，來把今天的義勇隊，很快的鞏固和壯大起來，能成為戰勝日本帝國主義的一支強大的反日力量，同時最關懷我們的一切國際戰友們，亦是同樣的希望着把這一支力量，很快的鞏固和發展壯大起來，爭取朝鮮民族的澈底解放。為了要完成「建立武裝隊伍，直接參加中國抗戰」的任務，如果沒有廣大的反日朝鮮人民，直接參加朝鮮義勇隊，那沒有法子完成這個任務的。那麽這樣廣大的朝鮮人民是在那里呢？祇有在敵後，更確實點說：他們都在敵人槍砲直接統治的地方，強迫和欺騙之下過着牛馬的生活，因此我們要爭取他們，必須把工作向敵後發展。「今天必須吸取過去兩年來的經驗，根據新的客觀情勢，佈置我們的工作，使我們的工作有一個整個的轉變，進到更高的階段，從單純的對敵宣傳的任務，進到戰鬥的武裝的作戰任務；從單純的戰地工作，使我們的工作重新向敵後發展，深入敵後，爭取朝鮮群衆。這兩大任務，是本會今後工作的基本方向。我們相信，在敵後的幾十萬朝鮮群衆（東北在外），如果被動員起來，組織起來，將是一支不可侮的力量，將對於中國抗戰與朝鮮革命有極大的幫助，對於發展敵後遊擊戰爭有很大的影響，在政治上將可能推動整個朝鮮革命的蓬勃發展，動搖敵人的統治，而使中國抗戰的勝利與朝鮮革命的成功，更迅速地到來」（金若山）。所以「向敵後發展」是只有一個共同的信念——是把今天的義勇隊，很快的鞏固和壯大起來，能成為戰勝日本帝國主義的一支強大的反日力量，來更有效的幫助中國抗戰，更多的打擊日本帝國主義，早日完成朝鮮民族的澈底解放，建立起自由幸福的民主共和國。除了這個光明正大的信念外，絲毫也沒有其他的信念！

（4）我們朝鮮民族雖然今天亡了國了。但我們有自己的共同語言，共同領土，共同經濟聯系，共同文化的三千萬人民的集團，同時我們的義勇隊是由朝鮮人民來建立起的隊伍，是為朝鮮民族的澈底解放而鬥爭的隊伍，所以我們認為我們義勇隊，一定有它的民族的自主性，獨立性。這民族的自主性，獨立性不僅僅是對我們今後發展工作上和打擊敵人上有絕對益處，而且永遠的戰友—中國民族援助朝鮮革命的效果上也是非常重要的。由於中國關內的特殊性，而我們自己不能自立更生，却在政治的經濟的各方面上，幾不多完全依靠了中國政府和民族的幫助來進行了我們的工作。對於我們這樣偉大的同情的幫助，表示無限的感謝，希望今後更多量的範圍來繼續幫助我們的反日革命工作；國際外援與民族自主性，獨立性並不是矛盾的對立的東西。絕不會由於有國際外援而減弱我們民族的自主性，獨立性的活動，相反的，革命的國際外援是更加保障和擴大發外援民族的自主性，獨立性的，同時，我們也保障和擴大民族的自主性，獨立性的基礎上，去爭取外援的。

中國政府，在過去和現在始終是對朝鮮革命運動的好意的同情的援助是非常大的，但它們絲毫也沒有過因為有了援助而限制或許減弱在華朝鮮革命運動者們的民族的自主性，民族性，相反的，正因為它們對我們的援助是好意的，同情的，革命的援助，所以始終是尊重我們的民族自主性，獨立性，幫助我們去發揮我們民族的自主性，獨立性。中韓兩民族永遠的親密的聯合和積極發揮民族自主性，獨立性是不但不衝突，相反的，更加強中韓兩民族的緊密的聯合。我們堅決的信賴；今天抗日的中國政府，今後對我們的援助是比過去和現在更大更具體，同時給我們以最大限度的發揮民族自主性，獨立性，來計劃和佈置反日工作的。

（二）我們始終是反日反侵略的

（1）我們只有一條反日反侵略的路線的，除了這個路線外再沒有第二路線。因為我們朝鮮民族都是亡國奴，我們的敵人只有一個——日本帝國主義。只有反日反侵略才有光明，相反的不反日不反侵略，只有滅亡。我們一切思想，行動都集中在反日反侵略的工作上面：看書，研究，講話也好，在陣地上喊口號，散佈日語標語也好，到敵人後方去，深入敵人城市里去組織朝鮮群衆也好，到江南游擊區也好，到華北游擊區也好，都是為了打擊日本帝國主義，為了擺脫亡國奴的鐵鎖的，給敵人被捕英勇犧牲的同志們也是為反日反侵略而犧牲的！如果對朝鮮民族解放運動和中國抗戰不利的工作，那寧可死不做！今天我們民族中只要是反日反侵略的人，都是我們的戰友，我們願意去幫助他發展。相反的你不管是什麼人，如果幫助日本，幫助侵略，那就是我們的敵人，一定和他拚到底。敵人反對的人，就是我們的朋友，敵人擁護的人，就是我們的敵人！

（2）我們不是階級的部隊，而是民族的部隊，我們今天不但是參加中國抗戰，而且為爭取朝鮮民族的徹底解放而鬥爭的部隊，是代表朝鮮民族的有自主性，獨立性的部隊。因此我們在中國的革命外交的對像並不是中國的那黨那派，而是中國民族，更具體點說，則代表中華民族的中國國民政府。我們是反日的，中國國民政府也抗戰的，我們敵人是共同的——日本帝國主義。所以我們是站在一條戰線上，來反對日本帝國主義的。中國抗戰的最後目的，是雖說把敵人打到鴨綠江邊去，但為了東北和整個中國的安全計，非驅逐朝鮮半島內的敵人不可。那麼我們在國內進行最後決戰的時候，中國國民政府袖手旁觀嗎？絕不會的。我們堅決的相信，中國的國民革命與朝鮮革命是一定併肩作戰的。所以我們認為革命外交對象是整個中國民族——中國國民政府，這不但是暫時的，而是長期的。同時另一方面，對中國的各黨各派，則站在共同抗日的中韓兩民族聯合戰線的精神去合作，只要其抗日陣營里的各黨各派，我們應該和它親密合作團結團結。我們義勇隊是朝鮮人民的義勇隊，而不是屬於中國那黨那派的，我們[illegible]而且不應該參與中國內部一切問題的，這只對我們有益處，而且對中國也有利。我們只在蔣委員長領導之下，和中國民族互相平等，互相自願的聯合基礎上，去打日本到底！

（3）我們不僅僅是團結反日的朝鮮民族和聯合抗日的中國民族，而且聯合和攜手世界上一切反日反侵略的力量。我們永遠是站在反日反侵略陣綫這一邊的，我們永遠反對親日侵略的！和英美蘇聯等反法西斯國家站在一條戰線上，與全世界弱小民族解放運動和日本國內革命運動攜起手來，共同打倒日本帝國主義，共同剷除侵略主義者！

（三）我們的位置是在整個世界。

（1）目前義勇隊的工作重心，是敵後尤其是華北敵後，因為無數的朝鮮群衆住在華北敵後。雖然這決定了主要工作方向，但絕不會忘記全部的工作任務，不但有了主要工作的方向而減低另外方向的以及全面的工作任務，和反的，互相激發對工作的積極性和加強，豐富它的內容。華北敵後工作是無論怎樣重要的重心，但究竟是整個的全面工作的一部分，是一個地域的工作，是服從於全面工作的。

我們絕不會有沉沒在一個地方的局部的工作地帶的潮浪里，更不會有忽視另外地方的以及整個局面的重要性。我們是提起精神來，睜開眼睛來看整個抗戰中國和反侵略鬥爭中的世界，因為我們的真正的位置是在整個的戰爭與革命的世界，而不是中國的某一個地方！我們去工作的地方，是絕不會限制或者規定在一個範圍里，而是全世界都可以成為我們革命工作的戰場，只要是集中在一個目標上——反日反侵略。因為今天的世界不是孤立的，而是互相密切聯系着，交織着的。

（2）華北或華中敵後，不是我們最終目的地，是一個經過的路程，而最後的目的地還是國內。而且這「打回老家去」的征路上，應該和抗日的國民革命軍要保持密切的聯合的，同時我們不問對方是屬於那黨那派的，只這個聯合是民族和民族的聯合，是互敬互尊的平等的聯合。我們是勿論到什麼地方，並不是一個士兵的資格參加國民革命軍的，而是高舉起朝鮮民族的——義勇隊的旗幟，來號召朝鮮群衆，打擊日本帝國主義。

（3）我們今後始終站在整個的局面上面，來加強在各陣地和敵後工作同志的領導，來更多的協助中國抗戰部隊，加緊進行對敵宣傳工作，積極的爭取朝鮮群衆。加強和擴大國際宣傳，加強內部的團結；儘量的去動員和發動在國內，日本，美洲，蘇聯，南洋以及分佈全世界各地同胞，來建立鞏固統一體，至於以實際工作表現來和世界各國的反日反侵略力量具體的實際的去緊緊的聯系——這都是義勇隊負担着的整個的全面的工作。

以上所說的三大題，就是我們的政治路線，也就我們的政治精神。

我們這樣正確的政治路綫，是一定通過我們的艱苦的鬥爭來才能實際化的具體化的。我們清楚的看到朝鮮民族解放事業的困難，同時我們又了解這種困難是堅定的意志之下能克服的，絕不要為困難而嚇倒。

義勇隊的前途是只有光明，只有勝利！

——完——

朝鮮義勇隊之成立由來

李貞浩

朝鮮民族亡國三十年來，在日本帝國主義的刀鋸下，過着悲慘的奴隸生活。在這三十年當中，朝鮮境內革命的怒火，無時不在熊熊的燃燒着。成千累萬的同胞在敵人殘酷的槍刀下被犧牲，無數的革命領導者，在敵人的斷頭台上，或在牢獄裏被斷送了寶貴生命。這種再接再勵，百折不屈，壯烈的犧牲精神，十足證明着朝鮮民族再生的基礎，實已奠定在不可撼動的根底上。

可是，我們三十年來，血醒，可歌可泣的革命實踐告訴我們，革命運動的以成功，必須要具備主觀和客觀的各種有利條件，只有內在的勢力及客觀的有利條件相配合之下，才能爭取最後的勝利。

因此朝鮮革命者，無時不在準備着本身的革命力量，同時無時不在注意和利用客觀的各種有利條件。

「九一八」給了朝鮮革命者以深刻的刺激和啟發，尤其「一二八」上海事變，使得每個朝鮮革命者都能看到當時國際情形的發展，並認識到「一二八」爲中國全面抗戰的前哨戰。中國抗戰之開始，無異乎朝鮮民族獨立鬥爭之開始。這種有利情勢之發展，特將朝鮮革命者所加倍關心到。

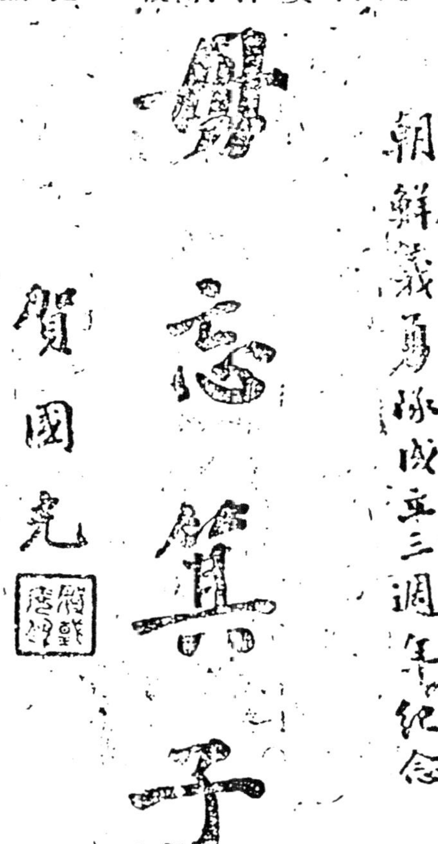

恰巧，一九三七年「七七」中國抗戰開始，朝鮮革命者——尤其是在華的朝鮮革命者，一致認爲這是發動朝鮮民族獨立運動的「千載一機」——因此，在美及在華的朝鮮各革命團體之代表，聚首一堂，商討復國大計及參加中國抗戰，以及統一并集中革命力量的各項問題，結果除一部性質相似的團體加以合併統一外，特於一九三七年十一月十二日在漢口結成了各團體統一戰線形式的「朝鮮民族戰線聯盟」來統盤指揮革命運動。

「朝鮮民族戰線聯盟」成立後對各項革命工作，不遺餘力，當時其主要工作爲：(1)取得國內各革命團體及群衆的聯系問題；(2)建立朝鮮革命武裝隊伍問題；(3)加緊完成朝鮮國內外各革命團體的總統一問題等等。在這些主要工作中，關於建立武裝隊伍的問題，曾經中韓兩方面多次商討的結果，就擬定組織朝鮮義勇隊，來參加中國抗戰，共同打倒日本法西斯強盜，以求朝鮮民族的自由獨立和解放。這個方案，初於一九三八年「七七」週年紀念日提出中國當局。特蒙蔣委員長的贊許，親手批准交給政治部陳誠部長主辦，陳部長乃命本政治部第二廳派員辦理，後因種種關係將籌組朝鮮義勇隊的一切，轉交第一廳賀衷寒長兼第一處處長[illegible]辦，終於一九三八年十月十日在武漢外圍戰激烈之時，欣然高擎着革命的旗幟而組織成立。這是朝鮮義勇隊成立的一個簡單的經過。

不消說，朝鮮義勇隊的成立，是負有重大使命的，牠不但負起參加中國抗戰援助中國抗戰的任務，同時負起爭取朝鮮民族本身的自由獨立的偉大使命。他的任務是雙方面的，所以朝鮮義勇隊的成立，不僅是佔中韓合作史上光榮寶貴的一頁，同時占朝鮮革命運動史上重要的一頁。這是不可諱言的。

朝鮮義勇隊的誕生既然是中國抗戰上，朝鮮革命運動上，不可輕視的一個要素，而以中韓兩民族共同抗戰的初步的具體形式下組織起來，那麼，第一，牠在抗戰中國的地域上有無限的發展將來，牠必定以自身的努力和中韓兩民族堅決的攜手之下，自從發展擴大，以至成為一個規模宏大的武裝隊伍。第三，牠的成分既然是日本帝國主義鐵蹄下謀解放的朝鮮革命者所組成，因此牠在中國火線上，不能不說是個特殊的，國際的，戰鬥隊伍。第三，牠既然是以特殊的，國際的，戰鬥隊伍的資格，出現抗戰中國的前後方及淪陷區，牠不但能興起抗戰將士及人民的無限鼓勵，同時能爭取敵淪陷區內及朝鮮國內同胞的無限同情。

正因為這個緣故，牠——朝鮮義勇隊，負有雙方面的任務；一方面是參加中國抗戰，加強中國抗戰力量，來促成日本帝國主義的崩潰；另一方面是組織并訓練國內及中國淪陷區內的朝鮮群衆，以建立并擴大武裝隊伍的力量，來爭取朝鮮民族本身的獨立自由為目的的。

正因為牠的任務是雙方面的，所以他的工作方向也是雙方面的；就是說一方面是協助中國抗戰的各種工作，如對敵宣傳，俘虜教養俘虜審問，搜集情報，翻譯及整理敵方文件，對中國民衆士兵的宣傳工作等等；另一方面是爭取朝鮮民族自由獨立直接有關的各項工作，如派隊員深入中國淪陷區及朝鮮國內，爭取并聯系朝鮮群衆的工作，爭取外來的各項活動，創辦幹部訓練班，培成朝鮮革命幹部人才等等工作。不過這兩方面的工作是互相聯系的不是孤立的。

朝鮮義勇隊成立以來，每個隊員都為完成本隊的重大使命不拘一切的艱難，而苦戰惡鬥，他們已很廣汎分派在中國南北火線上，進行着壯烈敏活的血的鬥爭，他們已潛入敵人後方宣傳革命的福音，組織朝鮮群衆，爭取群衆，因而被犧牲者亦不在其數。同同時，本隊的聲譽已很快的傳播到全世界，凡有朝鮮人民的海外各地，都爭先恐後組織「朝鮮義勇隊後援會」來聲援本隊，國內同胞亦已給予本隊十二萬分的同情與興奮，雙手共待着本部的鞏固和擴大，預祝本隊之能早日成為反日本強盜的偉大武裝隊伍，光復祖國而解放全民族。這是本隊今後發展的重要基礎。

要之，當我們紀念三週年紀念時，要記着本隊成立的的歷史的意義和其使命，要記着水深火烈中之朝鮮國內同胞，并要追念為本隊工作被犧牲的同志，來加強工作，為爭取中國抗戰的勝利而奮鬥到底，為朝鮮民族的獨立解放而奮鬥到底。我們不怕艱難，也不怕流血，因為我們是鮮鮮民族解放的先鋒隊；我們也不怕一切造謠中傷，因為我們已在同一思想下武裝完成，誰也不能打破我們的反日本帝國主義的工作和精神。

祝朝鮮義勇隊成立三週年紀念

今年十月十日是中華民國的國慶日同時又是朝鮮義勇隊成立三週年的一個最值得紀念的日子；對這二重的紀念日，我們覺得格外興奮和喜悅。

三年前的今天朝鮮義勇隊誕生，這一誕生意味着處在日本帝國主義鐵蹄下的奴隸們開始翻身，接着朝鮮義勇隊成立之後，台灣義勇隊也就成立起來。朝鮮義勇隊和台灣義勇隊雖產在不同的時期和環境裏，但歷史所給予二者的任務和責任是同一的，二者的立場和目標，不消說也是一致的，簡直可說可以「兩位一體」。站在這個觀點上，今天我謹，代表台灣義勇隊，向貴隊慶祝，同時願意提出兩點作為我們今後共勉的。

第一：歷史告訴我們，帝國主義的慾是無止境的，特別是東方帝國主義日本和西歐納粹德國，她們幾十年來處心積慮，企以弱小民族為其侵略的對象。日寇刼奪了朝鮮，吞併了台灣，奴役了三千餘萬的人民，還未滿其慾，又甘冒不韙企圖一口吞全中國，進而征服全東亞。納粹德國給日寇以一切的鼓勵，她在西歐尤橫行無忌，滅亡了十四個國家，尚向素主和平正義的蘇聯進行侵略。但東西兩法西斯國家所得到的答覆，是四萬萬五千萬中國人民。和二萬萬的蘇聯民衆的團結抗戰和幾萬萬弱小被壓迫民族堀起正義的旗幟與德日帝國主義作殊死戰。現在日寇和納粹的力量已大不如前，財力，人力，物力的大量消耗，把整個國家陷入饑餓和恐慌之中。但是們並不因此而放棄侵略、更不因此而停止對弱小民族的壓迫，相反的可能加強對歐亞兩洲弱小民族進一步進攻。現在世界反法西斯各國已為了這個可能而團結起來，準備給侵略者以打擊，倫敦十一國會議及莫斯科三國會議即其證明。我們不怕敵人的進攻和威脅，只怕不團結各自為政，而各行其是。中國四年多來的團結抗戰和蘇聯四個月來的團結抵抗，已足夠說明了沒有團結是無法去抵抗外來的暴力，沒有抵抗是無法生存下去的。有了這個教訓和經驗，那麼我們今後的任務應該是：(1)加強我們自身的團結和鞏固我們的陣營，進而聯合世界被壓迫民族共同為自由而奮鬥。(2)以最大的努力，促成世界反侵略民主陣線的形成。這是我要說的第一點，

第二：我們知道朝鮮和台灣的革命是世界反侵略一環，中國又是世界反侵略主流之一，中國四年多來的抗戰，已確定了最後勝利的礎業同時即鼓勵着我們爭取解放的鬥志，和可能獲得自由的信念，但是在這國際形勢急激演變之下朝鮮台灣革命已踏入了更艱鉅困難的階段了，今後的成功正需要我們不斷的加倍努力，同時必要中國政府切實的指導和援助。

三年來朝鮮義勇隊和台灣義勇隊，均獻轉於各戰場，由前線而游擊區，而深入敵後，我們工作收穫，雖有不少據引自慰，如：在最近前線幫助國軍作對敵各種工作，喊口號，訊問俘虜，教育官兵日語口號，編製傳單對敵兵，參加各種宣傳工作。在游擊區和敵後的工作：參加游擊戰鬥，寫發傳單，打探敵情，爭取淪陷區民衆和青年，組織被日寇驅使來華的朝鮮台同胞，已獲得可觀的成績及博得一般的同情，但還不能實現我們預定的計劃，有的地方去我們的理想太遠了。這果然是由于實際環境所限制，但對于我們主觀力量也未嘗沒有關係，所以今後爭取有利的客觀主觀力量的加強擴大環境和是成為先決的第一條件，進而加緊聯合敵國反戰大衆共同奮鬥並提高敵國人民反戰情緒的氣分，以早日促成日本帝國主義的總崩潰，這是第二點。

除提出這兩點和貴隊弟兄共勉外，最後謹祝貴隊日臻發展，朝鮮民族革命早日成功。

朝鮮義勇隊成立第三週年紀念祝辭

日本反戰同志植進等

當　貴義勇隊迎接成立第三週年紀念日的時候，凡從事於革命事業的人們，都應同樣的慶賀今天，尤其是日本帝國主義已到最後崩潰的今日，這不謹謹是朝鮮二千三百萬同胞的紀念日，同時對于中國及日本革命同志也有重大意義。茲特敬獻祝文如下：

貴　朝鮮義勇隊是以有二十餘年革命實際經驗的金若山先生為總隊長，自一九三八年十月十日在漢口正式成立以來，網羅在華全體朝鮮革命同志，很勇敢的直接參加正義的中國抗戰，并為打斷日本帝國主義的奴隸的鉄鎖，爭取朝鮮民族的自由獨立而在朝鮮民族的旗幟下團結一致，奮鬥到底，我們十二萬分的敬佩朝鮮義勇隊成立以來的這種不屈不撓的奮鬥精神。

參加朝鮮革命鬥爭史，一九〇九年安重根義士刺殺敵魁伊藤博文，一九一〇年崔益鉉，李般贊，金秀敏等諸先輩領導的義兵運動一九一八年襲擊朝鮮總督府及日本宮城二重橋的炸彈事件，一九一九年孫秉熙，韓龍雲等諸先輩領導的「三一」大革命運動，一九三二年尹奉吉烈士的狙擊上海事變的魁首白川大將，給予日本帝國主義以重大打擊，朝鮮義勇隊即繼承過去的朝鮮革命鬥爭精神而上軌道，參加中國抗戰，鼓舞中國軍民，召集在華朝鮮人參加中國抗戰。以瓦解日本軍隊可其重大任務。在成立當時，即在上前年十月廿日頃朝鮮義勇隊的一部份參加第五，第九戰區，給中國抗戰上重大貢獻，參加中國抗戰上，一批生力軍的作用。同時為朝鮮二千三百萬同胞的解放而奮鬥，這樣，貴隊是朝鮮民族的先鋒隊，同時為其他各革命團體及革命同志的模範，這是毫無疑義的。

聽說，現在貴隊的大部同志，已赴前綫工作，并有大批同時赴敵後方工作，聽聞之下，不勝欣慰，深信貴隊在中國政府援助之下，不久的將來，必能把握朝鮮革命，完成它努力下來的偉大抱負，同時以中朝日聯合力量來，把東方民族的共同敵人日本天皇，及日本軍閥一概埋葬在地球以外，保持中朝日三民族的自由解放。

最後，敬祝貴隊勇敢的諸位革命戰士們的健康和成功。

此上

朝鮮義勇隊金隊長若山

一九四一年十月三日

中國電影製片廠日本反戰同志

植　進

高橋信二

王利陸夫

關村義雄

在美的朝鮮人

一、朝鮮人在美國

朝鮮人的渡美

太平洋兩岸遙遙相望的兩個民族曾經互相派遣公使，經常的取得兩個國家之間的密切連結，但自朝鮮亡國之後，日寇便斬斷了我們的外交關係，同此朝美的邦交也就告斷絕了。

朝美的關係是遠在七十年前，美商船西曼號的來韓求商而引起的，以一八七一年辛未洋擾事件。兩國間便頻繁的發生了交涉，在同時美國的基督教傳教師的來朝佈教更加促進了關係，遂於一八八二年締結朝美條約。

嗣後美國人士的來朝是繼續不斷的，現在朝鮮四十餘萬的基徒教徒及數十個基督教系統的學校是與美國傳教師，有着間接直接的關係。

朝鮮人的大量渡美是四五十年前的事情，當時美國的資本主義正向上發展，需要東方弱小民族低廉的苦力，於是美國在日本東京設立開發公司，朝鮮也設立分公司，大量的招募苦力，朝鮮的苦力就應募到夏威夷北美及南美等地去作開發荒地建築鐵路等苦工，如今將近有一萬的朝僑多半是他們繁殖起來的家族，他們的子孫，我們叫着第二世第三世國民。其次是亡國前後亡命到美國去的革命志士，在其次是求學而遊美去的。

> 朝鮮義勇隊三週年紀念
> 韓革命須能擴大影響至國際
> 中國軍隊入敵後先需聯合韓
> 朝鮮僑胞之團結進而聯絡朝
> 鮮本國之民眾配合所有政治軍
> 事力量與中國抗戰呼應一氣打
> 擊敵人是為恢復朝鮮之大道
> 中華民國卅年雙十節王寵惠題贈

二、旅美朝僑的生活及活動

一萬朝僑的生活文化是很複雜的，那裏有五十年前跟開發公司來的一世人，還有和這些第一世人不同的文化生活環境裏，長大起來的第二第三世人民，如今僅以夏威夷而言，中學以上畢業學生，每年有四百餘名，他們沒有見過祖國，沒有吸收過祖國的空氣和美國人們一樣在自由的國度裏生活着，然而他們和他們的父母一樣是亡國奴，在一般美國社會裏認為沒有國家的人民，這便使他們痛苦，使他們跟隨他們的父母為了希求見過祖國的同胞的自由而奮鬥。

美國的立國的精神是自由博愛平等的，美國的獨立戰爭、南北戰爭，以及第一次歐洲大戰時威爾遜的民族自決的號召，這是落後的被壓迫的民族運動所敬畏的，尤其威爾遜的號召是曾給予朝鮮民族運動以極大的興奮和推動。至於今日他的諾雖已成了空票，然而還仍然表現着一些親近，因此我們朝鮮亡命者和僑民一樣的集中於美國的領土上，於是各地也產生了政治的和僑民性的團體，以北美大韓人國民會，大朝鮮獨立團，夏威夷大朝人婦人救濟會，夏威夷學生會，北美韓國學生會等有政治的僑民性質的各團體為最著，它們經常從事於僑民教育的經濟的政治的各種工作，同志會出刊太平洋週報國民會出刊國民報大韓民報及朝鮮學生年鑑等，他們雖然遠居於美國，但一向對於祖國之獨立運動表示深切的關懷，亦竭應有的努力，物質上，捐出巨款供給在華的革命團體還培養不少的技術人材獻給了革命。

中國抗戰後的動態

中國的抗戰鼓舞了每個朝鮮人民，使他們更興奮的積極的參加祖國的獨立解放運動，更把他們的運動走上更高的形式和有新內容的階段。

他們因為視中國抗戰如自已獨立戰爭，所以爆發的第二年的春天，便在北美朝人社會裏產生了中國抗戰後援會向美國人士宣傳中國抗戰抵制日貨反對軍火運日，並為中國的傷兵及難童募捐，又派員到中國參加抗戰，聽到朝鮮義勇隊的產生即刻組織朝鮮義勇隊後援會出刊義勇報宣傳中韓的協同抗日情形發動在美朝僑從物質上精神上做後援的工作，又和美國人士共同組織美國國防後援會，在華朝人難民救濟委員會積極協助美國的國防工作，在參加美國軍隊者十餘人，在美所有的韓人團體已於今年四月在不分黨派不分主義和思想及理論集中朝鮮民族的一切反日力量的原則之下組立了民族的獨立戰線，因此統一了在美朝鮮革命者的運動，這是朝鮮民族解放運動策略上最正確的，在美國同胞的活動如今由宣傳已進入了行動的階段，由分散的行動進入了統一的民族獨立陣線的鬥爭，由在美的活動擴張到中國與朝鮮在華革命者活動密切的聯結起來了，今天是中蘇的抗戰英美的反法西斯運動密切合作打擊世界法西斯蒂徒的時候，在美的朝鮮革命者運動在海外運動當中更佔重要性了，他們必定動員所有的力量加強朝美兩民族的友誼和合作，進而獲得美國政府和人民的同情和援助，獻給祖國的獨立戰爭。

三，義勇隊後援會的由來

—成立沿革—

中日戰爭不僅是中國民族而且使全世界被壓迫民族與被榨取階級，猛烈的喚起有組織的反帝思想，特別是地理上，歷史上文化上政治上及技術上與中國有着密切關係的朝鮮人民，視中國革命的抗戰為我們自己個革命戰爭，旅美韓人在紐約，芝加哥，洛杉磯組織中國後援會，向美國的官民不斷的宣傳物質上援華和排斥日貨以作我們的唯一武器。

中國後援會同志正在渴望朝鮮武裝部隊出現的時候，聽見在華朝鮮民族戰線聯盟領導之下成立了朝鮮義勇隊，於是產生了組織義勇隊後援會的主張，發起是依據朝鮮民族戰線聯盟的政治主張，曾向在美韓各團體如同志會與國民會要求聯合後援，但是同志會同志來信說，因為本部在夏威夷，所以不能決定，同大韓國民會屢次商討的結果，他們認爲義勇隊與「臨時政府」無關係，所以拒絕與後援會合作工作，于是爲了執行適當的工作起見，不得不以個人本位來組織後援會了，後援會的成份是國民會員，同志會員，中立人士等。

組織

一九三九年四月在紐約。同年九月洛杉磯，同年十月芝加哥在共同目標之下三個地方各自組織後援會，以物質精神兩方面後援義勇隊。至一九四〇年爲了對內對外工作的統一，遂於五月組織了後援會聯合會。

根據組織的秩序，洛杉磯後援會的發動第一次代表大會，以普而進行了，紐約代表南宮棊，李震一，卡民平，芝加哥代表田世獻，洛衫磯代表金家林，金剛，李慶善等七人，進行了會務，

第一次代表大會選派安振中，李慶善，金宗林，金順權，金剛等五人執行會務，我們的友誼團體中韓同盟團代表韓吉壽前往華盛頓和我們後援會取密切的聯系，並對內對外暴露了日本帝國主義的罪惡戰爭的陰謀及排美政策。

工作

本會實際工作，隨時隨地宣傳排斥日貨並向美國政府及社會團體請願，要求禁止軍火運給日本，包圍日本領事館並示威遊行。

依據今日僑美同胞情形及環境來說，美洲後援會的當面任務，是有組織的進行宣傳，鼓吹革命。所以物質上不會充足的援助義勇隊這是事實，但我們深切的相信後援義勇隊，是我們革命運動上最重要的工作：

一九四〇年一月洛衫磯後援會刊行機關報紙「義勇報」四月成立義勇隊後援會聯合會，隨之「義勇隊」也歸併爲聯合會的機關報了，向全美洲各地廣泛的宣傳了民族解放運動的政論與義勇隊消息。

結論

我們後援會隊是依照朝鮮民族戰線聯盟和義勇隊的革命理論與實踐綱領而工作，對外則以打倒日本帝國主義恢復正當的生存權作爲根本政策，向各被壓迫民族與有關各國宣傳要求其聯絡後援，對內則强調以實正的民主國家建設作爲目標統一革命戰線，今後關於軍事，外交宣傳等方面，各黨派更加協同起來，我們相信這是我們革命運動的唯一前途，我們決根據這一方針而奮鬥到底。

四、在紫的朝鮮義勇隊與在美的朝鮮義勇隊後援會

（譯自義勇報英文版）

在華的朝鮮義勇隊並不是新的組織，他有相當長的歷史背景，自從朝鮮被日本武力合併之後至於今日不斷的生長起來的。

朝鮮的革命是自從朝鮮民族的生存被掠奪的那一天起就開始的，每個人都爲着民族的獨立而準備戰鬥犧牲，他們發問國家亡了我們將怎樣下去？有些領導者和他們的羣衆因悲憤而自殺了，但主要的答覆是組織義兵，「義兵」這就是目前在華的朝鮮義勇隊的胚胎。

義兵，多數是由被解散的軍隊和各方打來的借師，組織起來的，自然他們的武裝是很貧弱的，他們每個人的唯一的武器是舊式的步槍，然而他們是從未失敗過的神槍手。那裏有驚人的故事，給敵人嚴重的打擊並把他們的財產破壞得不可再恢復的程度，特別損壞了日本帝國的威嚴。

除了物質上成果之外，還有精神上堅固的成果集中在武功業之周圍。他們以真理向日本作英勇的示威，就是日本雖以武力一時征服了祖國，然而人類自由愛國精神是終末被征服的，儘管有了敵人種種的誘惑，但決不能同化優秀的朝鮮民族，相反地他們隨着增強為愛國精神和為自由而不斷鬥爭的決心，便保持着被壓迫民族的激昂的意氣。

的確他們進行了人類所可能的一切鬥爭，而且英勇的迎接着我們可以想像的或者想像以上的一切困難，

然而隨着敵人武力的迅速增強，全國甚至於常常去躲避的的山谷也沒有比自己家裏安全了，因此他們不得不離開那溫柔的親切的故土，他們雖然不發揮為祖國而犧牲奮鬥，然而對於明日的幻想使他們輕視了自己的處境，使他們離開家鄉，越過國境到了滿洲。

帶着緊重的心靈，來到滿洲的草原，那裏只有異樣和荒涼無助的開着，並且還不斷的受着饑餓和強盜的來襲。在這個環境裏是誰怨恨，是誰拋棄了民族的精神！否，他們良心上曾沒有一個滿意這個環境，因此隨着小小的家庭長大成為村落，獨立運動也同樣的長大起來了，學校也開設了，愛國的集會也有了，一切可能的話動是進行了，這是在中國領土上的朝鮮獨立運動的開始。

但是因為運動過於散漫，所以未能照希望那樣很快的去建立了基礎。于是他們的指導也變更了，隨着時間的過去，有的往上海，有的到南京及其他各地，在那裏會到從朝鮮出來的同胞。這給與朝鮮獨立運動以前進的機會，而順利的廣播到全中國，「秋收是決定於播種」這是真理的，朝鮮在中國這個基礎上朝鮮義勇隊便產生出來了。

朝鮮義勇隊如其名稱所表示的一樣，是一個朝鮮義勇兵的軍隊，他有着好幾個支隊，由在華的朝鮮革命領導者們，在中國政府支持之下，共推金若山為總司令，組織義勇隊於抗戰爆發約一年之後的一九三八年。

在前幾個月是他們以赫赫的戰勝來紀念了成立第二週年。兩年來他們獲得了充分的成果，完成了許多事業，一聽到他們的故事，也就使我們的頭髮便豎立起來。

的確，他們正在進行的工作最具體的證明是最主要的工作。我們甚願義勇隊作先鋒，領導朝鮮的革命對抗敵人挺進失去的國土裏去。

為了充分的支持和合作起見，在美的朝鮮同胞組織了在華朝鮮義勇隊後援聯合會，兩週年紀念會也舉行過了，年會也在不久以前結束了，在過去我們並沒到做到很多的事業，自然由於環境上有種種的困難，再加上又缺乏經驗之緣故。然而我們自己還自誇的是我們曾用全副的精神照我們的計劃去努力而得些成效，如今我們有許多重要的計劃和決議而我們明年的計劃是各方面很廣汎的，在其中有兩件特殊的事情是很重要的，就是朝鮮在美洲國防後援會，這會成立有若干時間，至於今日才開始活動。其次是與美國委員會合作的在華朝鮮難民救濟委員會，這會正在成功之途上。

關於前者，我們決不能躊躇於現狀，必須要盡最大的努力，達到其目的，至於後者即在華朝鮮難民問題是特別引起我們的注意。當然今天全世界有幾百萬難民，然而朝鮮人的特殊情形，是和其他同樣外境的人民一樣，跟普通的其他人民有顯著不同的情形，我們亦知道，中國的政府不會不給可能的保護，這是中國政府也不能充分的注意幾百萬難民中的盟友的難民，這個亦是事實。

為救濟在華的朝鮮難民，我們背膀上有着重大的任務，這是不必再強調的。我們已經把這個工作當作在華朝鮮義勇隊後援的主要工作目標之一了。

我們的工作是異常的困難，但這不是不可能的，這裏不許我們改變！為達到我們已經決定了的目的而奮鬥到底！走吧！！

朝鮮革命的情勢

金陵

朝鮮被日本帝國主義吞併，迄今已逹三十一年，在這三十一年中，朝鮮人民所受的痛苦，罄竹難書，朝鮮人民所進行的反抗，也日趨激烈。現在朝鮮人民，在國際反法西斯鬥爭，特別是在中國長期抗戰的強烈刺激下，反日運動正潛滋暗長的日益擴大起來，只是因爲日寇鎮壓的殘酷，封鎖的緊密，一切反日消息，都難以向外傳播，以致使人莫明眞象，因而不免有朝鮮平靜無事之感，其實完全不然，朝鮮人民莫有例外的正遭受着日本帝國主義之迫害，正是爲什麼朝鮮人民一致反日的根由！

齊一步驟團結精神
恢復祖國戰勝敵人
朝鮮義勇隊成立三周年紀念囑題
王崐崙敬題

▲無差別的搾掠！

現在朝鮮人民，不但下層羣衆，熱烈反日，就是工商業家，也痛恨日寇，在中日戰爭爆發後，日寇爲彌補對華戰爭的損失，就將一切重擔都加在朝鮮人民身上。朝鮮人民遭受侵略戰爭的慘痛，可謂無以復加。

首先，在兵員方面，便是所謂「志願兵」的強徵，各縣都規定一定的數目，驅使朝鮮人民，不由自主的跑到中國戰場上來，充當日本法西斯侵略的砲灰。這種「志願兵」是用繩子縛着入伍的，在部隊裏和日兵雜在一起，受着嚴密的監視，被迫加入戰爭。

此外還組織所謂「國防青年團」，這是一種後備兵性質的團體，也是強迫組成的，在日本軍警不夠用的時候，便由這個「國防青年團」來補助擔負維持治安等工作，全鮮青年被迫加入者在十萬以上。

同時，並強迫大量的勞動者到日本國內去，從事戰爭服役，因此造成朝鮮境內土地荒蕪，和勞力奇缺的現象，日本政府一向限制着勞動者進口，唯有這種集體強徵去做軍事苦工，得到例外的待遇。

至於搜括經濟物資，以用於侵略戰爭方面，更有着變本加厲的以下這許多措施：

對於物資的嚴格統制，日寇一向是不肯放鬆的，如食米一項人人需要的農產品，從它在田地裏收割起來的日子起，便被精密的計算着數量，生產者除掉極少量留存外。全部都在所謂「米谷押收」之下被徵發去了，而所付給的價格是低於一般市價[illegible]出產的谷米，都被徵發到戰場上去，朝鮮人民只能吃到三分之一的大米。這些米都是發了霉的極壞的米。在搜括谷米當中，不論大地主和貧農都受到毫無差別的強奪掠奪。

棉花以及日用消費品的統制，也是一樣的情形。街市上常常可以看到買物的朝鮮人民，拖着一條長列，終於還是空着雙手，垂頭喪氣的走回家去，而這種情形日本人是不會有的，他們是朝鮮的「天之驕子」，他們盡情的搜括着奴役的朝鮮人民，享受着不同的待遇。居於發舒處優的地位。

工商業方面壓榨的情形，是採取兼併和強迫徵收的方式。例如，朝鮮最大的一家汽船公司—朝鮮商船社會，因日商競爭不過，便被總督府取銷營業權，幾十萬船隻的業主和工人都陷於失業，結果還是被併入日本的汽船公司。又如，朝鮮人經營的橡膠工業。日本只供給以兩三成的原料，使它陷於生產停頓。

在「國防獻金」的名義下，朝鮮京城的兩個最大的資本家，一個經營金礦的樸興植，一個經營百貨公司的崔昌學，因為拒納這種強迫的「獻金」，被拘捕起來，處了極重的罰款。

還有所謂「儲金」，也強迫存儲的，擁有三數萬以上資本的人最少要繳納百分之二十以上至四五十的「儲金」，這種儲金限制不能提存，說要等戰後才能發還，小縣份這種搜括的情形尤其厲害。

朝鮮人藏有的金銀，在強迫「押收」之下，也被搜括得更乾淨，甚至你拿着一個銅質的錢，警察也要向你盤查，是否金製的。

總之，在這種超乎尋常的搜括和剝削下，日本統制者是要將朝鮮人所有一切，都搜括用於戰爭，使朝鮮變成日寇侵略的補給線，而朝鮮的有產者以及工農大衆，都受着一體的殘酷待遇和不堪忍受的痛苦，這就迫使了朝鮮各階層人民，一致團結反抗日寇。

A那裏還有自由？

日寇為圖消滅朝鮮民族的反抗，除軍事鎮壓外，並企圖從精神下解除朝鮮民族的武裝，以便利它的侵略掠奪。

在這一方面的措施，有着以下的這許多事實：

首先是語言文字上的同化，在學校裏，日寇禁止朝鮮兒童說自己民族的語言。違背的處以罰款，朝鮮人連說話的自由也沒有。

朝鮮文出版的兩家大報紙，東亞日報和朝鮮日報，在去年九年，也被禁閉了，所有的一切的雜誌刊物也都如此，現在朝鮮僅有一份朝鮮文報是總督府的機關報(每日中報)，這是麻醉奴化朝鮮人民的一項宣傳工具。

最澈底的是強迫朝鮮人民改名換姓的所謂「創氏制」，在學校裏，未改姓名的學生的志願書，故意被延擱起來或者拒不接收。機關裏面的情形也是如此。這樣推行的結果，現已有百分之八十，改成日本式的姓名。

日寇更進一步的壓害，便是去年頒佈的預防拘禁令，以二百萬元的龐大預算，來執行這項從無先例的對付「危險份子」的法令—而這一法令施行以來，被認作「預防罪犯」而入獄的有二萬四千人！

朝鮮人三人以上的談話，便要報告警察，一切集會結社的自由，都被剝奪乾淨！

同情中國抗戰的青年，便被施以暗殺。這種情形說明朝鮮革命與中國抗戰的血肉關係，中國抗戰，激勵了朝鮮民族的反日鬥爭，而朝鮮民族的反日鬥爭，也正配合着中國的抗戰。

▲反日激流泛濫朝鮮

在日寇殘酷無比的鐵壓下，朝鮮表面上看去是很平靜的。然而實際朝鮮却是一坐火山，這火山口噴發出來的火焰，實足以寒敵人之肝胆，而壯我被壓迫民族之決心。

一九三七年冬天，中國抗戰爆發以後，朝鮮大邱府有兩百多個朝鮮青年，以極秘密的組織，推動，響應中國抗戰，這個神不知鬼不覺的行動，却被一個爲首學生的父親所破壞，因爲這個學生耗費了他家中一萬多元錢，用在革命事業中，他父親査不清他這筆錢的用途，將兒子送到警局，致爲警局發現，結果犧牲了許多的革命青年。

同年鮮北甲山的貧農，因不堪日寇強佔土地的結果。與中國的東北抗日聯軍取得配合發動游擊戰，也爲日本奸細破壞，大批農民被捕，但他們的革命事業，並不因而終止，至今創立了甲山一帶抗日根據地。

最轟轟烈烈的一幕，是去年（一九四〇年）十一月釜山運動會中反日血肉鬥爭。這次事件，本是由極小的裁判不公而引起，但却收了極大的政治影響。

原來在那次運動會裏，朝鮮學生所表現的體育成績，却比較日本優異，而日本人並不因所謂「廢除差別待遇」，而一視同仁，倒是處處偏袒日本學生，壓抑學生，這就激起日本學生的公憤。由實鬥衝突而演進爲武裝的鬥爭。

參加運動會的一千多學生，手執武器和日本的憲警相格鬥，嘴子裏高呼「朝鮮獨立萬歲」的口號，上面繪着八卦的朝鮮國旗高揭起來。這一驚人的騷動，震驚了日本法西斯，當時担任裁判長的野口大佐，嚇得躱在茅房，才幸以免身。

參加這次鬥爭的二千多個學生。後來全體被捕，但日當局無論如何也査不出其首從。因爲所有學生在審問中，都承認這次運動是自己領導的。爲的是激於一時的民族義憤。日寇在多方搜索之下，找不出點痕跡，只是在一個學生家裏的房頂上，抄出國旗和一些標語。因此援以定案，將這個學生處死，其餘的大部分由家長具保釋出，但還有幾百個青年至今仍關在牢中。

在這次事件後。日本當局還想要測驗它奴化教育的成績，和學生心理。他們向釜山一中二中的學生詢問，誰同情這次事件的？要同情的人站起來，表示意見，相反的全體學生一致坐下，並沒有一個人起來答話。種植在他們心裏的民族仇恨是很深遠的。他們以沉默代替反抗，日人終於無可奈何。

今年六月以來，朝鮮平壤新義州，元山，南鎮浦等六處地方先後發生反日大示威，直接向日本法西斯投擲憤怒的炸彈。

在朝鮮京城，時常發現反日傳單，日本走狗始終察不出是誰散發的，革命志士最高的技巧，將傳單擱在屋脊上，藉風勢飛遍全城每一個角落。

星星的火焰，正在朝鮮境內燃燒起來，配合着全世界反法西斯的激烈鬥爭，配合着中國堅持到底的抗戰。朝鮮民族必將翻身起來，而且必然翻身起來

編輯後記

本刊人力物力，俱感困乏，以致未能按期出版．深爲赧心追期出版之際，適逢本隊成立三週年紀念之日，因即决定擴充篇幅．成爲紀念特刊，辱承各方賢達，惠賜詞文．感激之懷，曷可言喩。

蔣委員長給我們的訓詞——「自強不息」——對我們今後工作的開展，具有非常重大的意義．我們决本着自强不息的精神．繼續奮鬥．一以報答 蔣委員長之厚意．一以光復我們已失之祖國．各方題詞俱已製板．只陳立夫部長王崐崙先生的題字．因時間關係，製板不及．深爲歉悵．敬祈讀者和兩先生鑒諒．在各方惠賜的稿件中．對本隊過去工作．多所過譽．我們自愧無狀．實不敢當．惟凡有關今後之指示．我們决竭力以赴，以答雅意，陶滌亞先生着重指示的「中國抗戰與朝鮮革命的不可分性，與劉百閔先生所指出的「中國抗戰勝利之日，即朝鮮獨立完成之日」——這種啓示，對於我們這批參加中國抗戰的朝鮮革命同志，是具有重大意義的．我們若不深切了解中國抗戰與朝鮮革命的血肉關係，我們還能積極的爲中國抗戰而奮鬥嗎？

本期的題字與文章，篇數雖不怎樣多．但就執筆者看來．從日本反戰同志，台灣義勇隊，一直到中國各方面，朝鮮各方面．這不就是「東方各弱小民族聯合起來」的具體事實嗎，願我們大家一致努力．更加鞏固並擴大這聯合戰綫，以打倒共同的敵人——日本帝國主義！

付印倉卒，缺點甚多．尚望各方原諒與指導。

一九四一年十月出版

朝鮮義勇隊第三週年紀念特刊

編輯兼　重慶南岸大佛段一二三號
發行者：朝鮮義勇隊總隊部

印刷者：新新印刷所

本刊審查證雜字第三三三七號

朝鮮義勇隊

第四十一期

朝鮮「三·一」運動二十三週年紀念特刊

要目

一九四二年三月一日
朝鮮義勇隊刊行
重慶南岸大佛段一〇五號

光榮的勝利和壯烈的犧牲　貞浩

——為邢台之役被犧牲的本隊同志而作——

這是個捷報，同時是個壯烈的噩耗。朝鮮義勇隊參加中國抗戰以來，已有了不少的捷報，如一九三九年三月間本隊第一區隊朱然等同志之協同友軍炸毀敵人坦克車二輛及汽車數輛，及同年五月陳漢中，李東浩，關鍵等同志之協同友軍襲擊湘鄂山敵陣地，將敵營房，輜柵及火藥庫悉數燒燬，奪獲戰利品無算等等，這些都是當時報章上大揭特載的光榮戰蹟，可是這些勝利的捷報都不能比到這次的宏大。同時，朝鮮義勇隊參加中國抗戰以來已有不少同志死亡，可是其壯烈和使人哀痛之程度，卻不能比之今次在邢台之役被犧牲的孫、朱、王、崔四同志深刻。

為了打開敵後工作，為了爭取敵後朝鮮群衆，為了建立強有力的朝鮮革命武裝隊伍，朝鮮義勇隊第三支隊曾於去年冒險闖赴華北敵後展開對敵宣傳工作並進行遊擊戰爭，前後與敵激戰數十次，尤其去歲十二月二十六日在河北邢台附近與敵激戰，予敵以重創，斃敵百餘名，奪獲戰利品無算，這是朝鮮義勇隊參加中國抗戰以來的最大戰果，可惜本隊重要幹部孫一峯，朱東旭，崔鐵鎬，王現淳等四同志不幸中彈壯烈犧牲，在幹部缺乏之今日，在工作正在初創的今日，尤感珍惜而痛憤之至。這是個非凡的損失，噩耗傳來，莫不慟悼至切！

四位同志雖死在異域疆場上，但他們是為祖國的光復而死，為中國抗戰而死，為爭取民主國家的勝利而死；他們的鮮血雖染紅了異域荒山的雜草上，他們的骨肉雖荒棄在悽涼的異國草芥裏，可是他們——四勇士的血卻滲透了革命兒女的戰鬥意志，而在這四位勇士安枕的草芥上，將開起千萬個自由之花，以慰四勇士之靈魂！

四位勇士喲！你們永遠離開我們而去了，可是你們的精神是永生的，你們的不朽業蹟也永遠不會磨滅的。你們的英雄姿態，永久會幻影於我們的面前。你們的偉大業蹟將長留青史，永遠敬揚，以成為朝鮮民族千萬萬革命兒女的榜樣；你們所未完成的遺志，將由本隊全體同志來完成，更將由全世界反侵略的一切革命力量來完成。

同志們起來！為完成四勇士的遺業而奮鬥到底！

朝鮮義勇隊陣亡同志略歷

孫一峯同志：朝鮮民族解放鬥爭同盟盟員，為人忠勇，朝鮮平安北道義州人，一九三二年來華，在滬擔任剷除韓奸工作，一九三四年肄業於中央陸軍軍官學校軍官訓練班，一九三五年畢業，同年十月再入中央陸軍軍官學校廣東第四分校肄業，一九三八年畢業後被派往砲兵五十三團工作，後調砲兵五十六團任幹訓團教官及彈藥隊長，後再調至砲兵五十四團任戰車防禦砲連長，參加豫南鄂北大小戰役數十次。一九四〇年參加朝鮮義勇隊往華北敵後方工作，痛於一九四一年十二月二十六日在邢台之役中彈壯烈犧牲，年三十。

朱東旭同志：朝鮮民族革命黨黨員，為人勇猛，朝鮮平安北道鐵山人，一九三五年來華，在南京朝鮮革命幹部學校肄業，畢業後在南京工作，「七、七」後派赴中央陸軍軍官學校特別訓練班受訓，畢業後參加朝鮮義勇隊在湖南江西等地工作，去歲調至華北工作，在今次河北邢台之役，光榮戰死。年二十九。

崔鐵鎬同志：朝鮮民族解放鬥爭同盟盟員，為人直率，朝鮮忠清南道大田人，一九三五年來華參加革命工作，一九三八年五月間畢業中央陸軍軍官學校特別訓練班後即加入朝鮮義勇隊，派往老河口，洛陽等地工作，後調至西安任西安辦事處主任，去歲開赴華北，不幸在邢台之役壯烈犧牲，年二十七

王現淳同志：朝鮮民族革命黨黨員，為人聰明，朝鮮平安北道江界人，係李英俊（陳義樓）同志之胞弟，一九三三年來華，進入南京朝鮮革命幹部學校，畢業後派往廣東國立中山大學附中及仲元中學肄業，「七、七」後即入中央陸軍軍官學校特別訓練班肄業，一九三八年五月畢業，即加入朝鮮義勇隊在湘北一帶工作，一九四〇年再考赴南嶽西南遊擊幹部訓練班肄業，畢業後調至華北工作，痛於去年十二月二十六日邢台之役壯烈殉職，年二十六。

敬致慰勉於兄弟民族

——韓國「三一」大革命二十三週年——

梁寒操

溯自三十三年以前的亞洲大陸上，正當中國民族醞釀着偉大民族革命的前夜，日本帝國主義懷着嫉視和壓抑亞洲革命運動的高漲，首先侵吞了亞洲東部的一大半島——日漸覺醒中的韓國。日本從這裏佔有了二十二萬餘方公里的廣大肥美的土地，奴役了二千五百餘萬和平善良的人民。并從這裏得到了向亞洲大陸進展的前哨和據點。

三十三年來，韓國人民受盡了日本帝國主義掠奪剝削的苦痛，韓國革命戰士們更嘗遍了日本帝國主義的欺凌壓迫！

在人類社會上，再沒有比滅亡了祖國，失掉了家鄉，那樣的寂寞與悲哀，而韓國人民•却正是如此地渡過了二十三年黑暗的生活！韓國有志之士，也不得不流浪在全世界忍受其亡命異邦的苦難！

然而韓國雖亡，韓國人民的民族精神却永久輝煌照耀着的。三十三年來，韓國民族對於日寇原始野蠻的統治政策，從來沒有馴服過，散處全世界各地的韓國人民，無論其所依爲生活的職業有所不同，學者、新聞記者、藝術家、工人、農民或商人，但他們對於革命復國的熱忱，却是始終一致的。三十三年來，我們不斷看到韓國人民抗日復國而進行的偉大壯烈的革命行動，如刺死伊藤事件，刺日本天皇事件，炸斃白川事件等；如「青山里」的喋血戰鬥，如「三一」大革命運動等，這些便是表徵了韓國人民對於日寇殘暴統治的憤怒，證明日寇企圖消滅韓國人民民族意識的妄想完全是不可能的！也告訴我們韓國民族最後必將擊敗敵人而恢復其獨立自由的地位。

一個民族的形成，必要經過長期歷史的鍛鍊。各民族都有其血統、語言、文化的淵源，其民族意識深固結於各民族成員之中，而不能以人爲力量輕易泯滅。只要不像印第安人或愛斯基摩人那樣在根本沒有同化前即被消滅掉，任何民族，即使遭受到了挫折，暫時因被壓抑而潛伏隱忍着，經過相當時期的培養與生息，由於各民族主觀條件客觀環境的成熟，各民族必能因其互助互愛自尊自衛心理的發展，而猛烈反抗外來的壓迫。

民族解放是一種歷史的力量，是一種歷史的鬥爭。在十八世紀末期，歐洲開始了建立民族國家的運動，十九世紀末期，民族主義怒潮更普遍到了全世界。亞洲民族的覺醒運動，正發芽滋長於此時。中國最早覺悟而最先發動，五十年來，我們不斷進行了對內求自由，外求獨立的運動。五十年來的奮鬥成績，保持發揚了民族優秀的傳統精神——自尊心與自信力。以致造成了五年前發動的抗戰，得到了今日爲世界各國所重視的國際地位。這說明一個民族憑了歷史社會的力量，只要能發憤圖強，必能得到完滿的成果。

韓國民族有數千年悠久的歷史與文化，其民族有一貫的經濟連鎖，有共同的語言習慣，有一致的文化生活，韓國民族之最後復興，當然是無可置疑的。

多少年來，世人不僅是輕視亞洲人，尤其是更輕視亡國的朝

（接下頁）

「三一」大革命運動簡史

李貞浩

一九一九年三月一日，是日本帝國主義鐵蹄下的朝鮮民族，一致團結起來，亡國後首次的高揭着太極旗而驚天動地的喊出韓國「獨立萬歲」，而進行血淋淋的大規模的反日鬥爭；并向全世界宣佈「朝鮮之爲獨立國，朝鮮民之爲自由民」的日子。

同時，「三・一」運動是朝鮮革命運動史上，佔最光榮顯烈的一頁，是後來朝鮮革命鬥爭時期的分水嶺。爲了要明確估計「三・一」運動，我們必須從當時朝鮮的社會狀況及國際環境下手，以究明「三・一」運動的其本原因，而後說到它的鬥爭經過，在它失敗的經驗教訓中，確定今後朝鮮革命運動的正確方針。

（一）革命前朝鮮的慘況

這是無可否認的，朝鮮的命運，已在中日（一八九四年）俄日（一九〇四年）兩大戰役，就註定了它不可挽回的悲運。

日本帝國主義，先後把朝鮮境內的中俄兩國勢力驅逐後，於一九〇五年開闢朝鮮於其「保護國」，設統監府於朝鮮，伊藤博文自任朝鮮統監，農工商，警察，外交等大權均由日人擔任，并大規模的進行土地調查，至合併前幾年則暴戾恣睢，橫行無忌，強迫朝鮮皇帝禪位，解散朝鮮原有軍隊，奪取警察權，屠殺義兵；掠奪朝鮮的豐富資源及交通，通訊等機關節等，得寸進尺，着着施行其吞併政策。至一九一〇年八月二十九日就完全吞併了朝鮮。從此擁有四千多年來燦爛文化與保持獨立自由的朝鮮民族，就完全失去了自由生存權，而陷於水深火熱的黑暗世界。

日本帝國主義開始蹂躪朝鮮的時期，也就是朝鮮民族反帝國主義運動的開端。自一九〇六年至一九一〇年爲止，五年當中朝鮮民族，沒有一時不與日本強盜拚火，只在義兵運動方面戰死者有一七、七七〇人，負傷

鮮人，然而，今日的亞洲，中國正領導着全亞洲民族進行反對歐洲侵略者的戰爭！今日的世界，不僅是朝鮮人尙呻吟於敵人鐵蹄之下，他如荷、比、盧、挪、丹、波、希、南、奧、捷等國也都要忍受着亡國慘痛的生活！連西歐一等強國的法蘭西，也失掉了獨立自由的保障，而苟延殘喘的存在着。這可見任何民族若不能力圖振作，任何民族都不免受外敵侵凌的危機。任何民族若能奮發自強，任何民族都有其光明遠大的前途。

今天是韓國「三一」大革命二十三週年紀念日。我們於懷念這兄弟民族的艱苦境遇以外，尤其是敬佩這兄弟民族反抗壓迫民族的英勇奮鬥。我們敬致慰問於韓國人民們，韓國的革命戰士們，希望韓國民族繼續其以往奮勇的精神，與我們攜手前進，合力打倒日本帝國主義強盜，我們敬祝韓國革命成功！敬祝這兄弟民族的未來的勝利！

者三、七〇〇人，被敵俘虜者二、〇七九人。

正當着日本帝國主義，吞併朝鮮的時候，安重根義士首先代表全民族的義憤，而在一九〇九年十月二十六日在哈爾濱擊斃了蹂侵略魁首伊藤博文，發出朝鮮民族反抗的信號！

這是朝鮮亡國以前的大概，現在將朝鮮亡國以後「三・一」革命運動暴發以前的朝鮮社會各方面的狀況略加說明一下。

一、政治方面

日本帝國主義吞併了朝鮮以後，則以總督府代替統監府，這是無疑義的，是日本帝國主義壓迫朝鮮民族和搾取朝鮮民脂民膏的更具體化的表現。

一九一〇年至一九一九年「三・一」以前是日本帝國主義對朝鮮實行「武斷政治」的時期，就是寺內與長谷川任朝鮮總督的時代。當時朝鮮總督府內設有總督官房，總務局，內務局，度支局，農工商部，及司法部等六部，大小官職均由日人擔任；而在總督直轄下設警務總監，由各地原有（統監府時代）日本憲兵司令兼任警務總監部長，實行「憲兵警察制」，全國設一千六百二十四個警察所，和一萬六千八百四十個警察官員，來專門箝制民衆，屠殺全國愛國人士，無惡不作，警察經費一九一〇年合併當時不過三十多萬日元，一九一八年增至八十多萬元，到「三・一」運動暴發的那年則增加到一百七十多萬元，由此可以確知敵人加害朝鮮民族的加深程度。

日本帝國主義者，不但以憲兵來箝制朝鮮革命大衆，更置重兵於朝鮮大小城市及鄉村，任意屠殺民衆，在敵人的淫威下竟達到了當愛國志士被敵人受刑時，就是死難者的親友，眼見死者的慘境，也不敢嘆息一聲的地步！

一切言論，集會，結社的自由一概被嚴禁。

二、文化方面

在文化方面，不給朝鮮以出版自由，一切朝鮮固有的燦爛文化及國外新文化，新思潮都在被封鎖之列；在教育方面自於一九一一年宣佈教育令，實行奴隸教育，日語當做國語，禁止朝鮮學生在校內講朝鮮語，禁止教授朝鮮歷史，將朝鮮過去的所有朝鮮歷史文獻，一概燒毀。對於朝鮮人教員，優待日籍教員，限制朝鮮學生的入學率，以企圖完成其愚民教育。武斷政治仍然在教育界適用，凡是教員都准許佩帶劍刀，以資防止意外。

在這種環境之下，這裏只有一句話：就是「我有槍刀，不准你動」！

可是，不屈不撓的朝鮮民族的英勇鬥爭，在這恐怖之下，也一樣能伸出偉大的姿態。一九一一年則有梁起鐸等一百二十人謀刺寺內總督之壯舉，一九一二年有朴尚鎮志士組織光復團，并槍殺韓奸張承遠等之壯舉，在海外則多數愛國青年及先進集結於滿洲，俄領，上海，美洲等地從事革命運動，如滿洲之義兵運動，及俄領的國民議會，上海的新韓青年團，美洲的國民會，同志會的活動等，無不是朝鮮民族精神不死，奮鬥到底的英勇表現。

三、經濟方面

在經濟方面，「敵人要在朝鮮無阻礙地進行它殖民地掠奪政策起見，首先以全力來摧毀向來朝鮮土地所有關係，使土地從身份關係解放出來，成為可以自由賣買，自由掠奪，最後使朝鮮農民轉落於必須出賣廉價勞動力的；……地步」（參照拙著現階段朝鮮社會和朝鮮革命運動二十五頁）因此，敵人自從一九〇五年統監府時代至一直到合併以後的初期幾年，（一九〇五年至一九一八年）都在全力施行土地調查工作，確立所謂『神聖不可侵犯』之土地私有制度而掠奪了朝鮮國有土地八百八十八萬多町步，而以登記不合手續的名義下，顯然了七萬多町步的民家良田沃土；同時以東洋拓殖會社的名目，加緊侵併民家土地，（一九一六年已佔有七十三萬餘町步），積極獎勵日人移民。更加上日人之苛捐雜稅及高利貸，任意宰割盤剝，全人口中佔百分之八十以上的朝鮮農民，在這二重三重的壓迫下，一再轉落於金錢的奴隸。

土地改編後，產生招來的是農民的細分化和土地的集中化。朝鮮人地主轉落於自作農，自作農轉變爲佃農，佃農轉落於荒地農（火田民），荒地農又轉落於流離失所，無家可歸的乞食群、至土地急速的集中於日人手中，引起了朝鮮農民階級構成的急激化。

日人農家戶數在合併當時只有一千三百多戶，至「三・一」運動前一年就增至九倍（九千九百餘戶）。

當時的農民階級構成是：

年度	地主	自作	自作農兼佃農	佃農
一九一四	四六・七五四戶	五六九・五一七戶	一・〇六五・七〇五戶	九一一・二六一戶
一九一九	九〇・三八六戶	五二九・八〇三戶	一・〇四五・六〇六戶	一・〇〇三・〇〇三戶

本表說明着，一九一四年至一九一九年間，地主增加到一倍以上，這毫無疑義的是日人地主的增加，其次自耕農顯然減下；反之，佃農及荒地農急激的增加。荒地農在一九一二年只有三萬四千三百一十六戶，一九一八年則增至六萬〇四百九十七戶，至『三・一』當時則激增到二十六萬九千四百二十六戶（一百四十四萬二千九百一十九人），幾佔全人口十分之一。

由於日本帝國主義苛酷的掠奪所引起的是，流離同胞的激增。無家可歸的可憐同胞，淚淚一批一批的流亡到異國，在僑人數在一九一七年三二、九二三人，一九一八年五四、五三十人；一九一九年則增加到六五、三一二八。

其次我們在當時朝鮮人的主要食料品方面若略一下，而給正確的認識當時朝鮮民族的慘境。朝鮮人的主要食品爲米，我們拿米的消費量，來與日本人的米消費量，互相比一下：

朝鮮的米生產與消費表

年度	總生產額	對外輸出額	輸移入額	朝鮮境內消費額	輸入額
一九二二年	一〇・四〇五・六一三石	三五九・七六〇石	三・六五一	九・八六六・四〇五	—
一九二六年	一三・八四六・〇八五	一・六八三・五六四	一七・三六六	一二・〇五九・八一七	八・三五一石
一九三二年	一四・六八二・三五一	三・二六三・三三七	一〇・九三〇	一一・六三六・九四五	六三・一四九

本統計表中，可以看出當時朝鮮米的生產與對外輸出額是成爲正比例的。奇怪的是粟的輸入也跟着米生產額的增加而增加。這究竟有甚麼原因呢？我們稍留意下面的表格則可明白這點。

朝鮮境內民族別米消費表（「三、一」當時）

年度	日本人 日人數	日本人 米消費量	日本人 每日人平均量	朝鮮人 朝鮮人數	朝鮮人 米消費量	朝鮮人 每韓人平均量
一九二一	一七一・五四三人	二〇五・八五三石	一・二〇〇石	一五・五二二・〇七二	九・六七三・四三三石	〇・六二四石
一九二六	二〇三・六五九	二六四・三九一石	一・二〇〇石	一六・三〇七・一〇二	一〇・六七五・四三六石	〇・六五五石
一九三二	三四八・八四〇	四一七・四三〇	一・二〇〇石	一六・八四一・二三九	一一・三九・五二五石	〇・六六七石

這裏可以看出，在朝鮮境內的日人每人每年平均吃一石二斗的米，而朝鮮人則每年每人平均只能消費其一半而以滿洲的粗粱來充饑。飽的是日人，餓的是朝鮮人。生產的是朝鮮人，吃的是日本人。

最後，在工商業方面，自從一九一一年敵人宣佈「市場規則」及「會社令」，以限制朝鮮工商業以來，朝鮮工商業在各種的桎梏下，無從向上發展，反之，日人之工商業則在總督府之積極獎勵與保護之下，急速的發展起來，一九一一年朝鮮境內已有日人會社一〇九個，（朝鮮人方面則有二十七個）；日人會社的資本合計五、〇六三、〇二〇元，（朝鮮人的資本合計僅達二、七四二、三五五元）。至一九一九年「三、一」當時，日人的會社數目竟增至二八〇個，（朝鮮人會社只有六十三個），日人會社的資本合計八三、七五五、九六三元，（朝鮮人會社資本僅一一、四〇三、六一五元）。我們從這簡單的統計，就可以知道「三、一」當時的朝鮮工商業，是在日人的限制及巨大移植資本的抑壓下，已遭遇到不能自由抬頭向上發育的悲運。

總之，朝鮮民族亡國後十年當中，備受文化上，政治上，經濟上，慘無人道的壓迫和搾取，每個人民，在飢餓和窒息狀態之下，充滿了對日本帝國主義的敵愾心；每個朝鮮人的面前，只有了兩條路可擇，或者是飢餓而死，或者是開始鬥爭。

這就是當時迫切的主觀情勢。

（二）『三、一』當時客觀情勢給朝鮮民族的影響

「三、一」革命運動爆發的前一年，是第一次歐洲大戰的最後決定階段，參戰的主要各國，都在幾年的激戰中，已呈示疲勞狀態，而多年在列強蹂躪下的各弱小民族，都準備乘機起來謀獨立的時候。恰好，一九一七年俄國革命成功，放棄帝俄時代所獲得的一切在弱小民族國家的特權，而主張援助被壓迫民族解放運動；同時，一九一九年一月更由美國大總統威爾遜氏發表十四條和平意見書（後提出和平會議）；其中，第六條至第十三條是主張「民族自決」的，這給予世界弱小民族巨大的影響，而且給「三、一」運動至大的影響，因而，一九一七年至一九一九年歐洲各弱小國家及民族的解放運動，急速的高漲起來：一九一七年芬蘭之獨立，一九一九年捷克及匈牙利之獨立，與俄國及德國的革命運動，以及當時在孫中山先生領導下高漲一時的中國民主運動，給朝鮮「三、一」獨立運動以巨大的影響。

在這樣有利的國際情勢與緊迫的國內情勢，就被當時朝鮮的愛國人士認作發動獨立運動的千載一機。於是，熊熊的革命怒火，竟在一九一九年三月一日開始燃燒全朝鮮，震駭了敵人，振動了全世界。

（三）『三、一』運動的進行經過

「三、一」運動之能在三月一日爆發，實因事前有計劃周密

鑑於當時國內外情勢的急迫，國內的領導人物，於一九一八年冬集合於朝鮮京城，秘密組織成立朝鮮「獨立運動總本部」，其主要成份為各宗教團體及教育界的領導者。天道教方面的孫秉熙先生，基督教方面的李承薰先生，佛教方面的韓龍雲先生，教育界方面的宋鎮禹先生，崔南善先生，都是當時主要的領導者。

當時獨立運動總本部的主要計劃是（一）印發獨立宣言書，以喚起全民族，并引起全世界各國的注意；（二）以書面陳述參加巴黎和平會議的各國代表及美國大總統威爾遜氏，要求承認朝鮮獨立，（三）派若干代表赴國外取得國外朝鮮革命團體的有力人士聯系，不久，當時在上海活動的「新韓青年團」也在上海開會商討獨立運動事宜。（一九一九年二月一日）。決定選派若干代表赴國內及日本，俄領等地韓僑取得聯系，并決定派代表赴巴黎和會要求朝鮮獨立。

同年二月留日的朝鮮留學生，就用「朝鮮留學生的名義，發表了獨立宣言」。

這樣，國內外的朝鮮愛國志士，不期而然的相互一致起來——積極進行獨立運動，至一九一九年一月末朝鮮光武皇帝突然被敵人暗殺，噩耗傳來，朝鮮全民族無不悲憤，對敵人的敵愾心達到頂點，獨立運動總本部則乘這機會決議，（1.）決定故光武皇帝的國葬日——即三月一日下午二時發動革命運動：（2.）決定京城塔公園為朗讀獨立宣言地點；（3.）通知全國各地方同時發動；（4.）決定分發文告於美總統及和平會議各國代表，要求朝鮮獨立，（5.）決定先動員京城各校學生以進行大規模的示威運動。

三月一日下午二時署名獨立宣言的朝鮮民族代表三十三人中二十九人及數萬群衆集合了塔公園，先朗讀獨立宣言，繼而高呼「朝鮮獨立萬歲」，旋則太極旗高揭天空，數千學生高擎太極旗而舉行示威。京城數十萬群衆立刻激盪起來，在悲慘壓迫之下，洪水般的被捲入了這行列。「萬歲」的呼聲振動了世界。手忙足亂的敵人則派大隊騎馬憲警隊，揮劍衝擊，憤怒不可遏的群衆，則毫無畏縮的與敵拚命，無數群衆在敵人的槍刃下被犧牲，於是由和平的示威運動，但很快的轉變到血淋淋的革命運動。可惜當時的領導者們沒有估計到運動的發展規律，同時也沒有正確緊密的領導群衆，因而民族代表二十九人被捕之後，運動就失去了領導中心。

這個運動，很快地的普遍到全國各地方，多在同日同時間舉行悲壯的示威運動。全國有血性的男女老幼，沒有一個不參加，繼續了前後八個多月的轟轟烈烈的革命運動。結果在日本帝國主義慘無人道的屠殺之下，終於失敗了。可是「三、一」運動卻鍛鍊了朝鮮三千萬民衆的革命意識，奠定了朝鮮革命成功的鞏固基石。

這次革命運動，自三月一日至同年五月末止，所動員的郡數二一一；集會數一、五四二次；集會人數二、〇二三、〇九八人；被敵犧牲者：七、五〇九人；被傷者：一五、九六一人；被監禁者：四六、九四八人；被燒教堂及學校：四十九處。

由三月一日至同年年底止殉國人數達一〇、五九八人。

「三、一」運動不但普遍到全國內，同時也很快的波及到海外朝鮮僑胞所住的每個角落裏！

首先，是在上海集合的多數革命先進，如李承晚，安昌浩，朴殷植，李始榮，金九，盧伯麟，李東寧，等諸先生則組織了「韓國臨時政府」，一面主持國際外交，一面指導國內運動，博得了國內外人士之熱烈支持。

其次，在北滿洲及俄領的僑胞也很快的激盪起來，呼應國內運動。在龍井方面，「三、一」運動爆發後第八天開始，舉行了大規模的示威運動，並立刻組織「獨立期成會」，同時籌劃成立獨立軍，創辦幹部學校，訓練軍事，政治人材，并在國境方面對行大小規模的游擊戰，以呼應國內運動，頗奏奇功。在俄領方面，當時留俄的韓僑在『大韓國民議會』領導下，開獨立慶祝會，並發刊『新韓獨立新聞』，以鼓吹獨立思想。

最後，在美洲及日本的韓僑，亦同樣的呼應國內運動，引起了世界愛好正義人士之莫大注意。

(四)「三、一」運動的意義和教訓

「三、一」運動是個反帝反封建的民族民主的羣衆革命運動。「三、一」運動的主要動力是朝鮮各宗教團體——新興自由主義資產階級的知識層，而動員起來的是全民族各階層。

「三、一」運動雖最失敗了，但它有不可磨滅的歷史意義。

第一，「三、一」運動是朝鮮歷史上，第一次的，最大規模的包括全民族農工商學兵各階層的自發的反日民族統一陣線形態。這是當時東方各民族獨立運動未曾採用過的優秀形態。這種全民族的統一陣線却成了後來朝鮮革命運動的優良傳統。

第二，『三、一』運動是自然發生的運動，它與後來的革命運動，却成劃時期的分水嶺。

第三，「三、一」革命運動，動搖了日本帝國主義對朝鮮的統治力。所以敵人受了「三、一」運動嚴重的打擊以後，不得不對朝鮮人讓步一下，先放棄從來加諸朝鮮民族的武斷政治，標榜『文治主義』，廢止憲兵警察制，撤廢笞刑令，准許某種程度的言論，集會，結社，出版的自由。這對於以後的革命運動和新文化運動却給了很大的影響。

這就是「三・一」運動所不可磨滅的主要意義。那麼，甚麼是「三・一」運動失敗的經驗教訓呢？

第一、依靠外力謀民族獨立者必敗。

「三・一」運動的領導者們，事前能沒有準備本身的抗戰力量，而專事呼訴于和平會議和美大總統，以謀民族獨立，這是失敗的主要原因，也就是後來運動的重要教訓。

第二、不以暴力，專靠和平運動而謀民族獨立者必敗。

「三・一」運動雖包括了一些部份的暴力，可是多半仍然是徒手的和平示威運動。這種運動不足以驅逐強有力的侵略勢力。革命是流血的，它需要武裝起義。可是三・一運動缺少了這個條件。這是「三・一」運動失敗的主要原因，也就是後來運動的重要教訓。

第三、沒有強有力的政黨領導革命，革命運動必遭失敗。

「三・一」運動雖由韓國獨立運動總本部領導，但這是臨時組織起來的，它未曾訓練大衆，組織大衆，它沒有代表全民族各階層的政綱，也沒有正確的戰略戰術，所以當民族代表廿九人被捕後，就失去了領導中心。這也是「三・一」運動失敗的重要教訓。

第四、不善於爭取外援而處於孤立者必敗。

革命的勝利，不能專門依靠外力，同時也不能專門依靠本身力量。是要依據具體的國際形勢，主要依靠本身力量去革命，但同時要不斷的爭取外援，孤立敵人，削弱敵人，以增強革命力量。「三・一」運動的領導者們，雖曾力爭外援，可是，沒有得到相當效果。這也就是「三・一」運動失敗的重要教訓。

「三・一」運動是朝鮮革命運動史上，佔有光榮燦爛的一頁，我們要繼承它留下來的寶貴的革命傳統，並須吸收它所失敗的經驗教訓，奮鬥到底。只要有統一的，強有力的革命政黨領導大衆，深入大衆，訓練大衆，組織大衆，施號大衆；只要有信賴不移的信仰中心；只要有頑強的武裝隊伍；只要以統一的力量來爭取外援，孤立敵人——朝鮮民族必能粉碎日本帝國的鐵鎖而爭獲得獨立自由，以建立新朝鮮。

（完）

一九四二年二月五日於渝市

紀念「三一」與我們的任務

澄 宇

偉大的「三一」！到現在已經整整地二十三週年了。

一九一九年三月一日，我們朝鮮民族在亡國十年後，第一次向世界萬邦宣布「獨立」「自主」；向強盜日寇展開了全國的大示威運動。這不僅是在朝鮮革命史上空前偉大的運動；同時在世界革命歷史上也寫下了最光輝燦爛的一頁！是每一個朝鮮兒女光榮自豪的日子！是每一個朝鮮兒女！警惕的日子。

目前朝鮮革命問題，由於太平洋戰爭爆發後，世界民主陣線與侵略陣線劃分的清楚，而更加顯露其重要性。在這樣緊張嚴重的時期，我們來紀念「三一」當然有其特別重大的意義。正因爲如此，我們對它歷史的意義和它寶貴的經驗與教訓，不但要加以更深刻的認識；而且對紀念今年「三一」時我們應該要做的任務重新來一次檢討是非常必要的。

一

我們知道：「三一」運動產生的原因，是由於國內資本主義勢力之發展，與受當時世界大戰後世界革命勢力之高漲及威爾遜所提倡的「民族自決」的外來影響所致。

朝鮮原來是一個有四千餘年悠久文化歷史的國家。但是到十九世紀末，它的國內經濟結構，還是處在「亞細亞的停滯」狀態，遂受各先進資本主義國家勢力之漸次侵入。尤其是在地理上與朝鮮最接近之日本帝國主義在當時經過明治維新後，國內資本主義之發展處於欣欣向榮的時期，遂向朝鮮伸出其侵略之魔手。及經日清日俄兩次戰役後，列強對朝鮮問題，莫敢與日寇相爭，故到一九一〇年，日寇竟以強盜之手段，把朝鮮變成爲它的獨占殖民地。亡國後日本帝國主義對朝鮮野蠻的經濟榨取，首先表現在大量的土地掠奪政策上；同時急速地實行其商品傾銷與資本輸出政策。於是乎朝鮮國內經濟不能不引起重大的變化，所謂「亞細亞的」古老的生產樣式，如早春太陽下冰片堅塊一樣地溶解下去，現代式工商業之發展大有雨後春筍怒放之勢。當然日本帝國主義雖然在一面，以其本國的樣子改造朝鮮，但是，同時它爲着維持其生命的源泉起見，不能不一面維持封建勢力，且利用其經濟上獨占地位，極力阻止朝鮮民族資本之發展。但是不管日本帝國主義如何維持封建勢力，如何利用其經濟獨占地位，也不能不允許非出所願的朝鮮民族資本極微弱的發展。在這種情形之下，陷於流離破產飢寒交迫的廣大農民羣衆的反日情緒，日益高漲，而至於上層新興資產階級，對日本獨佔的資本勢力也表示極大的不滿和憤恨。這就是產生「三一」運動的朝鮮國內情形。至於當時國際形勢，亦甚有利於革命運動的發展。自從一九一七年俄國十月革命勝利後，全世界捲入於革新與戰爭的漩渦中，如從一九一八年到一九一九年法國、與大利的革命運動，芬蘭的獨立，匈牙利的建立蘇維埃共和國，日本的稻米暴動，中國和印度等地蓬勃的被壓迫民族解放運動等，都是對朝鮮民族革命的覺醒不但給了莫大的影響，同時刺激和鼓勵了他們向強盜日寇展開英勇壯烈的鬥爭。除此以外，戰後美國威爾遜所提出的民族自決的口號，也是對

「三一」運動起了巨大的影響。當然威爾遜所提倡的所謂民族自決的口號，不過是有利於戰勝國維持歐洲新秩序的方案，並不是特殖民地半殖民地被壓迫民族求自由解放的口號。但是當時朝鮮民族一般上層份子，對它都是抱了莫大的希望是不可否認的事實。

在這樣國內外情形之下，偉大的「三一」運動，在朝鮮民族領袖孫秉熙先生等三十三人共同簽名發表之獨立宣言下像一座火山一樣地爆發起來了！一九一九年三月一日是韓國光武皇帝出殯的日子。因為韓皇係日人暗害，故全國人心極端憤激，從各地參加出殯者不下數十萬。所以當時領導運動的三十三人和擁有廣大的群衆基礎的天道教，基督教和各界代表們都決定利用這個機會發動大規模示威運動。到三月一日下午他們如約集會於京城塔洞公園，朗讀獨立宣言後高呼「大韓獨立萬歲」。一時萬衆同聲，感激共鳴，數千幅太極旗好像無數的自由之花一樣地飛舞於半空中，數十萬群衆像一股洶湧澎湃的洪流一樣匯合成一撮莊嚴偉大的示威行列。殘暴的日寇在這晴天霹靂般地萬衆怒吼之前，不能不戰慄不知所措。千百名敵騎兵隊與憲兵隊，開始用他們的刀槍，向赤手空拳的群衆亂刺亂砍，但是憤怒不可抑遏之群衆并不因此而畏縮退避，一直到下午六時始告結束其示威遊行。這消息立刻驚動了全朝鮮各地的人民，使他們爭先恐後地紛紛舉行大規模示威運動。革命的巨浪已動盪於全國，大有江河莫遏之勢。不要說全國大都會知識階層與青年男女學生，甚至全國窮鄉僻村牧童樵夫以及七八十歲老翁老婆婆也都瘋狂般地參加這光榮的示威運動。原來在「三一」獨立宣言裏雖然宣佈：「一切行動務要尊重秩序，使吾人主張之態度一出於光明正大，貫徹始終」，但是革命情緒極端高漲的廣大的群衆，并不能以高呼獨立萬歲和遊行示威來滿足他們的要求，他們終於超出於「和平有秩序」之上層領導的範圍，而進入於群衆暴動和流血的革命鬥爭，他們開始破壞敵人的秩序，反抗敵人武力的彈壓，由三月一日到五月末動員的府郡共二一一，群衆集會次數共一、五四二次，動員人數二、○二三、○九八人，被敵慘殺者共七五○九人受傷者共一五九六一人，被燒教堂與學校共四十九處，被燬民房共七一五。這樣全民族的英勇壯烈的大示威暴動，一直繼續八個月以上。是在強大的敵人殘酷的鎮壓之下，終被漸次平定下去！

二

由於以上所述我們知道三一運動，是反日反封建的民族民主革命鬥爭。它在動員的規模上是完全包括了國內各階層的而且雖以復加的程度，它在鬥爭的行動中，充分表現了每一個朝鮮兒女高度的愛國熱忱和視死如歸的革命的犧牲精神。但是「三一」運動為甚麼終不能把朝鮮民族從殖民地奴隸的命運中解放出來，而中途失敗下去呢？關於它失敗的原因，我們不能不指出以下幾點：

第一、「三一」運動失敗的原因，就是為着當時敵人的勢力超過革命的力量，而且又缺乏有力的國際上的援助的緣故。日本帝國主義是東方新興的國家，她雖然參加第一次大戰，但戰爭結束前，她也是以戰勝國的資格，準備在巴黎和平會議上分到相當的贓物，所以她有充足的力量來鎮壓革命運動。至於當時國際革命形勢雖然有利於朝鮮革命，但是因為當時中蘇兩國的革命都還沒有完全成功，所以對朝鮮革命不能給強有力的援助。當然我們永不能忘記中國孫中山先生和俄國的列寧先生對朝鮮革命所給的物質上和精神上的援助。但是不要說中國，就是俄國雖然經過偉大的十月革命的勝利，也還處在嚴重的內戰時期，不能有充足的力量來援助他國的革命運動。且當時日本國內工農革命勢力尚處於微弱的狀態，亦不能對朝鮮革命給予有力的援助；至於英美等先進諸國，對朝鮮獨立不但採取漠不關心的態度。甚至在巴黎和平會議時，竟至袒護日寇，不許朝鮮民族有要求獨立的權利。所以偉大的「三一」運動，在强大的敵人壓迫之下又不能爭取强有力的國際援助而終歸於失敗！

第二、「三一」運動失敗的原因，是爲着當時領導革命的新興民族資產階級的力量薄弱的緣故。「三一」運動是全民的群衆革命運動，在表面上看起來，當時領導份子包括各階層，甚至有一部份封建貴族層也都參加在內，但是在實質上看起來，領導的中心是屬於宗教系統——新興資產階級的代表們。這些新興資產階級代表們的背後經濟力量非常的薄弱，同時他們在政治上又缺乏嚴密的組織，和豐富的經驗。他們對巴黎和平會議抱着幻想，以爲在這個會議上英美等先進資本主義國家，一定可以强迫日本把統治朝鮮的權利退還給朝鮮民族，根本不知道依靠自己群衆的革命的暴力從敵人的手裏奪回失去的自由和獨立。所以在獨立宣言裏，除了充分的表現「和平」獨立的幻想以外，并沒同廣大的群衆具體提出來革命的行動綱領。當然我們對領導「三一」運動的先烈偉大的革命精神，表示萬分地欽敬，但是他們政治經驗的缺乏與政治意識的模糊，限制了他們在政治領導上起堅決正確的作用，所以他們就不但不可能能動地發動廣大的群衆，向强大的敵人進行大無畏的流血的革命鬥爭，反而他們落在群衆的後面，見到群衆自發的暴動行爲已超出於「和平」「有秩序的範圍」時就表示畏縮退避。所以他們與群衆間的聯繫漸至疏離，他們對群衆的信仰亦漸告消失。偉大的「三一」運動就是因爲這樣沒有强有力的革命階級或政黨的領導而終歸於失敗！

第三、三一運動失敗的原因就是爲着全民族內部團結的不够與缺乏嚴密的群衆組織的緣故。「三一」運動是全民的自發的革命運動。這個運動一開始表現全民族的空前的團結。但是隨着這個運動的發展和持久下去，在國內和國外，產生了各種革命小組團。這種革命小組團，不論在組織的規模上，或者在宣傳的鼓動上，都不能成爲代表全民族利益，領導全民族革命運動的强有力的統一的機構。他們雖然在爭取朝鮮獨立的總的目標上完全一致，但是他們在爲着爭取朝鮮獨立而展開的實際鬥爭上，都不能採取緊密的聯繫和共同的步驟。所以革命的力量不能團結於統一的領導下，而漸至渙散分散的狀態。至於當時動員的群衆，雖已達到驚人的數目，但是這些群衆都是被不可抑遏的一時民族的義憤所驅使，自動參加革命運動，并不是經過嚴密的組織與政治的訓練後有計劃有規模地被動員起來的。所以他們開始參加革命時好像有排山倒海之勢，但這不過是一時曇花一現的現象。要把革命堅持下去，戰勝强大的敵人，決不是這樣散漫無組織的一時自發的群衆力量所能做到的。當然我們也不可忽視領導當時革命運動的各宗教團體如天道教、基督教，佛教和儒教等擁有數百萬的群衆基礎，但是這些群衆集結於崇拜迷信的落後的方式下，并不是集結於進步的革命的組織下，所以他們就不可能發揮他們應有的革命力量，也是無可否認的事實。除此以外在「三一」運動前後產生的各革命集團，都不過以小數上層知識階層爲中心，并不能深入到廣大的工農羣衆裏面，把他們組織起來團結起來。所以他們所進行的運動，只能限制在革命「志士行爲」的狹隘的範圍內，而不能發展成爲爲着革命勝利而鬥爭的大衆的革命暴動。偉大的「三一」運動，就是爲着內部團結的不够與缺乏嚴密的羣衆組織而終歸於失敗！

三

偉大的「三一」運動，就是因爲客觀條件之不成熟與主觀力量之不完備，沒有達到勝利的目的而中途失敗，但是在「三一」運動犧牲的革命先烈的鮮血并不是白流的。「三一」運動的結果使強盜日本帝國主義對着有偉大的革命精神的朝鮮民族，不能不表示若干的讓步。一九一九年九月一日在齋藤總督宣佈的所謂「文化政治」下，允許朝鮮民族獲得若干言論，出版，結社等自由。當然這并不是日本帝國主義對朝鮮民族真正的讓步，而是爲着緩和革命而採取的更巧妙更狡猾的新的統治方法。但是，勿論如何，朝鮮民族獲得敵人這些讓步，不但提高他們民族的覺醒，同時對展開新文化運動也有莫大的影響。除此以外「三一」運動的結果，大大地提高朝鮮民族國際上的地位；同時使他們，更深刻的感覺到：只有全民族的團結，只有有組織有計劃的羣衆的革命的暴力，只有正確的革命的領導，只有爭取可靠的國際上的援助，纔能推翻日本帝國主義的統治，纔能把他們的命運，從黑暗悲慘的地獄裏拯救出來，從新享受光明，自由的樂園生活。所以經過「三一」運動後，朝鮮革命運動更加深入，廣大的工農羣衆開始推到於政治舞台上。他們已深刻地了解：用自己的力量改造自己的命運；用自己的革命的經驗教訓，領導自己的革命的行動，如「六十運動」，光州學生暴動，元山大罷工，以及數十年來游外武裝鬥爭等都是「三一」運動光輝的繼承和發展！

紀念今年「三一」節的時候，毫無問題地朝鮮革命國內外情勢比「三一」運動當時更加有利的多了：自從日寇進行侵略戰爭以來，國力之消耗達於極度，國內人民之反戰情緒日益高漲。日寇自知最後悲劇之漸次迫近，終至挺而走險，以孤立一擲之投機手段，發動新的太平洋大戰。由於太平洋大戰的爆發，使世界民主陣線與侵略陣線之劃分已最後地明朗化。在這戰爭的初期，由於日寇背信棄約的偷襲行爲，由於英美遠東軍事上準備的不充足，由於遠東各弱小民族團結與動員的不足，日寇在軍事上獲得初步的勝利。但是這個戰爭持久下去，最後勝利之屬於民主國家實屬毫無疑義。我們在不遠的將來可以看到：日本法西斯强盜所染紅汪洋無際的太平洋與廣漠無邊的中國原野。換言之；日寇最後滅亡的喪鐘已悲鳴於遠東，而世界民主國家與東方被壓迫民族勝利的凱歌將響徹雲霄。這就是朝鮮革命絕對有利的客觀條件。至於目前國內革命勢力的發展，在日寇戰時血腥的統治下，不能不遇到許多困難和阻礙。但是由於數年來日寇在朝鮮實行「工業化」政策（當然這是意味着日本帝國主義在朝鮮特別注重軍事工業畸形的發展，而不是意味着朝鮮民族資本之發展），國內工人階級的力量日益增加；且戰時日寇無限制的壓榨使千百萬農民羣衆陷入於流離破產飢寒交迫的領域，甚至使上層地主和資產階級，也因經濟統制的影響而俱受破產的危險，這些都有利於革命的成熟和全民的動員。尤其是五年來神聖偉大的中國的抗戰與最近英美蘇反法西斯戰爭的勝利，對朝鮮民族給精神上以莫大的刺激和鼓勵，使他們大大地提高民族的覺醒并助長鬥爭的勇氣。這就是證明朝鮮革命主觀的因素亦逐漸完備。

毫無問題地朝鮮革命的新的階段已近在眉睫。在這緊張嚴重的時期，在海外的我們朝鮮革命者，離開我們摯愛的祖國和同胞，在這中國抗戰首都——重慶又迎接「三一」運動二十三週年紀念日，這將如何地使人感奮啊！

在今年「三一」節我們每一個朝鮮革命者應該自己問自己：我們所担負的歷史任務是甚麼？國內同胞對我們所企望的是甚麼？抗日的中華民族和反法西斯的世界民主國家和被壓迫民族對我們所企望的是甚麼？每一個人應該感覺到我們沒有完全的執行自己所擔負的歷史的任務，不用說這將有愧於國人的企望和抗日的中華民族與世界反法西斯的民主國家和弱小民族對我們的企望！但是我們決不要因此而失望灰心，相反地我們要拿出千百倍的勇氣執行我們未完成的任務來紀念今年的三一節。

第一、紀念今年的「三一」節，我們要在最短期間內要成立海外朝鮮革命最高統一機構。誰也知道：統一能生存，分裂就滅亡的簡單的真理。但是到現在我們國內朝鮮各革命集團還沒有團結在統一的機構下，這主要因爲沒有羣衆基礎的關內朝鮮革命特殊的客觀環境所使然，但是我們也決不能否認主觀努力的不够。過去我們對組織統一機構問題，提出「單一黨」，「聯盟」等各種方案。但是到現在，由於國際形勢的變化，只有大韓民國臨時政府纔有成爲統一機構的可能。所以我們都要求臨時政府當局應該容納各革命派團體，以謀集中一切力量於臨時政府，使成爲關內朝鮮革命最高指揮部。而且我們爲着實現這個目的起見，已自行結束護法運動，並要求政府當局早日召集臨時議會。我們堅決的相信政府當局一定可以採納我們的建議，同時我們應該爲着使政府當局採納我們的建議，而盡最大的努力和誠意！

第二、紀念今年「三一」節，我們要以統一的力量爭取國際上更大的援助。自從中國抗戰以來，中國政府與人民已給我們偉大的精神上的鼓勵和物質上的援助。但是因爲我們統一太不完成，無形中妨害了中國政府執行援助我們的任務達應有的程度；更不可能爭取英美蘇的援助。但是太平洋戰爭爆發後，朝鮮革命問題，在遠東問題上，更加顯著其重要性，所以中蘇英美等國對朝鮮問題的注意亦日益增加。在這千載一遇之期會，我們應該速圖和擴大現有的臨時政府機構，以謀獲得中蘇英美等同盟國正式承認和援助，進一步我們要以政府資格並列於對日宣戰之二十六國之中，以提高朝鮮民族國際上的地位，並號召國內人民徒展開廣汎的反日反戰鬥爭。我們要實現這個目的而盡最大的努力！

第三、紀念今年「三一」我們要爭取敵後同胞在中國政府與人民援助之下成立關內革命武裝隊伍；並與國內人民和東北朝鮮革命勢力取得密切的聯繫和合作。我們知道在中國淪陷區，特別在華北一帶的朝鮮同胞爲數不下數十萬，我們應該深入到他們裏面去，把他們爭取過來，做爲建設武裝隊伍的基礎。在這個目的之下我們義勇隊一部份已向華北展開敵後工作。今後我們對華南華中的敵後工作，必須加以更大的注意和努力。至於與國內人民和東北朝鮮革命勢力取得更密切的聯繫和合作的問題，因爲日前交通的斷絕，當然有莫大的困難。但是我們要以不怕艱苦不怕犧牲的精神，爲着實現這個目的而奮鬥到底！

我們要勇敢地執行以上的任務，來紀念今年「三一」節——自由、幸福、獨立的新朝鮮，新中國，新世界的曙光就照在我們的面前！

祝朝鮮「三一」革命紀念

日本革命民主協議會
青山和夫　等

朝鮮「三一」革命，是在東方革命史上寫下了最光輝的一頁。際於迎接「三一」革命第二十三週年紀念日，與貴隊（有了四千餘年悠久歷史之朝鮮民族的唯一革命鬥爭團體）有着同樣目的的我們日本人，謹撰本文，藉以紀念。

經過了整整四年的第一次歐洲大戰結束，當美國大總統威爾遜氏的民族自決問題提出於一九一九年在凡爾賽召開之萬國和平會議之時，十年來在日本帝國主義鐵蹄下過着最悲慘生活的朝鮮民衆，當然響應這民族自決主義，揭起了朝鮮民族自由獨立的旗幟。而頑迷的日本官憲極力鎮壓朝鮮民族的獨立運動，於是朝鮮民族的悲憤到了爆發點，終於是年三月一日，在當時朝鮮的首都漢城，揭開了朝鮮獨立運動的序幕，這運動繼續到八月之久，參加這運動的人員亦達數十萬。會給予日本帝國主義者以重大的打擊。

這種大規模的被壓迫民族解放運動，在世界革命史上確有着偉大的意義，而這運動的發生，到今已有二十餘年，其間在中國或在西伯利亞以及其他各地，朝鮮革命志士的活躍實爲非凡，尤其於一九三二年，在上海尹奉吉烈士炸斃日本大陸侵略主義先鋒白川等事件更使世人不忘。這種偉大的鬥爭力量，使得日本帝國主義者膽戰心驚。

自從一九三七年日本軍部對華進行侵略戰爭以後，努力於民族解放的朝鮮革命者，便結於抗戰中國，隨着戰火的燃遍於華中華南，他們的鬥爭力量也更發揮起來了。一九三八年十月，在武漢，在朝鮮革命的先覺者金若山先生領導之下，組織了朝鮮義勇隊，或在前線，或在敵後執行他們所負的工作任務。他們的努力，着實使我們欽敬。

這次由於日德意法西斯所發動世界大戰，確保了東方反法西斯領導者中國的對日反攻與朝鮮民族革命的成功，當此時，同樣被日本法西斯鐵鍊束縛而且作爲她之犧牲品的我們日本勤勞民衆，與貴隊堅決地攜起手來，給殘虐無比的日寇以最後一擊。

日本法西斯的朝鮮殖民地政策，對日本勤勞民衆有害而無益，所以我們反對牠，而且以像對一般的意志，來絕對支持朝鮮民族的獨立自由，今日世界反法西斯陣營已鞏固，當中最活躍的國際隊伍的先進者朝鮮義勇隊的四年來的革命經驗，是值得我們學習的。在這裏我們願意與貴隊今後更加攜手，來徹底消滅破壞世界和平的東方民族共同敵人日本天皇及日本法西斯軍部！

日本革命民主協議會

青山研究室
青山和夫　伊藤進
高山明雄　谷口榮
松井一二　井村月雄
井村芳子

東亞之光會
植進　高橋誠一
王利隆夫　岡村義雄

和平村研究室代表
青木繁

桂林地方代表
關見政策

昆明地方代表
早川三郎

××橋外室代表
西村芳夫

世界第二次大戰與弱小民族的前途

金仁哲

正在進行中的世界大戰，是個非常特殊的戰爭，就其參戰的成分，戰爭的性質以及其規模，都顯然與第一次世界大戰不同。

第一次世界大戰是爲重新瓜分殖民地而暴發的帝國主義戰爭。沒有一個弱小民族參加這個罪惡的帝國主義戰爭，謀民族的獨立自由，所以，第一次世界大戰始終是個帝國主義的領土爭奪戰，并沒有改變過它的性質。

塞爾維亞之對奧宣戰，在形式上可以說是一種解放戰爭，可是這對于整個大戰，是個附帶性質，它絲毫沒有改變戰爭的性質。同時，在前次大戰中，各弱小民族不但不能切實發動其解放戰爭，反而，却被宗主國欺騙利用，替做帝國主義的後備軍。眞正的被壓迫民族解放運動，是在大戰後才開始的。大戰後革命高漲一時，甚起了朝鮮，中國，印度，土耳其，芬蘭等國之革命運動，獲得了芬蘭和土耳其的獨立解放。這就是第一次世界大戰中，當時弱小民族的狀態。

可是這一次的大戰，則與第一次歐戰採取完全不同的形態，各弱小民族的獨立運動也採取着不同的形態來登場，就因戰爭是具有兩面性的，一面是反動的非正義的侵略戰爭，另一方面是進步的，正義的防禦戰爭，（如中國抗戰及阿比西尼亞之對意抗戰）這樣在同一戰爭裏含有兩種相反的性質。這就是第二次大戰初期的形態，同時也就是與前次大戰所不同的地方。

可是這個——第二次大戰是由於希特勒的進攻波蘭。到英法兩國的對德宣戰，就很快的進入了另外一個新階段，換一句話說：由弱小民族對帝國主義的戰爭轉變到帝國主義互相間的利權爭奪戰與被壓迫民族的自衛戰所並行的局面。在歐洲激烈的進行了英法對德意間的帝國主義戰爭，在東方則繼續了中國對日本帝國主義的防衛戰，這樣便形成「侵略」與「抗戰」並行的局面。

跟着法西斯德國的閃擊蘇聯爲始，戰事就進到第三個階段。一方面是法西斯強盜羣的侵略戰爭，另一方面是全世界民主國家的反侵略戰爭，形成了全世界法西斯國家對民主主義國家間的激戰局面，在這階段中，不管英美的本質如何，就其反法西的意義上，它所進行的終是正義的戰爭，這與上述第二階段在歐洲所進行的帝國主義殖民地爭奪戰爭，是有顯然不同的性質的。

由於日本帝國主義對美國的偷襲，引起了太平洋戰爭，因而東西洋各大小國家都被捲入了戰渦中，立即促成了全世界民主國家的空前大團結，形成了中蘇英美等二十六個國家對付兇手日德

太平洋戰爭與朝鮮革命

李達

太平洋的戰局空前的嚴重了。目前戰局，由於日寇的詭詐，主動的進攻，襲珍珠港，陷香港，佔馬尼喇，攻馬來亞，侵婆羅洲，攻緬甸南部，遂漸有進逼仰光之勢，而新加坡之戰亦正陷於艱危之中。

對於這樣嚴重的危機，英國議會的不滿，澳洲政府當局與荷印總督的呼籲，中國輿論界的辯論與焦慮情緒，亦織成一片，愈發增加了嚴重的氣氛。

然而這一切的「不滿」，「焦慮」，「爭辯」，「呼籲」，「談話」的悲劇的進行，固然是一時免不了的現象，而解決這嚴重局勢的關鍵，是在如何來盡其至拚的努力，發揮最大的力量打倒日寇。就是說，而對嚴重的局勢，已不是談話的時候，而是積極行動的時候。

那麼，在目前有沒有挽回太平洋戰局危機的條件與可能呢？我們的答案是一定有的。

第一，我們認爲挽救目前戰局的頹廢，除中英美荷澳蘇同盟國應在太平洋加投軍力外，那就是應該迅速的真正的動員和武裝太平洋當地的各民族，使他們貢獻其全部力量，參加抗日戰爭。

太平洋當地的各民族，幾乎全是英美荷的殖民地，自治領，保護地，委任統治地。他們不僅在數量上擁有偉大的力量，且在經濟，政治，文化等各方面，也有未可限量的力量潛在着。尤其在反抗侵略的精神上，這些民族一般說來，都是充滿着潛在的民族義憤的。他們本身多年的生活經驗，使他們清楚認識他們今日之敵人。如果將這些廣大的力量，能夠動員起來，那麼，守住今天的防線保衛新加坡，保衛荷印，保衛緬甸，仍然是絕對可能的。

民力的動員，固然是一椿急待實現的殲法西的頑固堡壘。

這一次的戰爭在其發展的規律上，雖有相當的複雜性，可是，我們可以斷定說這一次世界各弱小民族的運命，決不能與第一次大戰當時同日而語，從其參戰的成分看來，英美蘇的參戰以及各弱小民族國家直接參戰，這都與第一次大戰當時不同的。而且就其性質與人力物力各方面的觀察，最後的勝利必定是歸于反法西民主陣線的。

同時，這次大戰的勝利結果，也絕不是瓜分殖民地以了事，相反地，不單戰敗國的殖民地能爭取獨立，同時戰勝國的殖民地也能爭取獨立自由。這由英美兩領袖聯名發表的「大西洋憲章」以及最近二十六國共同簽訂的宣言當中可以得到證明。例如在共同宣言中如「凡未經有關民族自由意志所同意之領土改變，兩國不願其實現」「尊重各民族自由決定其所賴以生存之政府形式之權利」，「希望促成世界各國在經濟方面之全面合作」等條句，因此戰後各民族必能在民族自決的原則下，得到相當的解放，尤其，這次戰爭在整個資本主義體系看來，德意日對英美的戰爭是一種弱化帝國主義自身力量的自相殘殺，要務，但英美當局改善對這些民族的政策和關係，是最重要的條件。首先英美當局應改變對這些民族的舊觀念，而尊重各民族的民族獨立，這樣才能使他們自動的動員和組織起來，參加各種抗日工作，同時給予他們以武裝自由，以使他們能夠實行武裝抗日。

第二，太平洋戰爭是持久戰，最後勝利是屬於太平洋上民主國家的，這是毫無疑問的。今天留給我們關心和討論的問題，是在戰爭發展過程中，要找出促戰勝日寇的有利條件。

朝鮮是在加速日寇崩潰上佔着很重要的地位。朝鮮雖然成爲日寇的獨佔殖民地已經三十餘年，但始終是日寇心腹之患（尤其在日寇對外發動侵略時更爲如此。

自從日寇併吞朝鮮以來，日寇對朝鮮的政策，簡直是殘暴和血腥的暴行。「懷柔」，「強迫」，或者「滅種」，「同化」，其花樣至爲繁多。尤其在侵華戰爭當中，日寇在朝鮮所實施的「變政策，更爲令人戰慄。在所謂「日鮮一如」的欺騙口號下，強迫禁用「朝鮮」稱號，而以「半島」二字代之。嚴禁朝鮮人使用朝鮮語。提倡日鮮混婚，強迫實施「創氏令」，（按所謂「創氏令」者乃強迫朝鮮人拋棄其固有姓氏而改用日本人姓氏的亙古所未聞之野蠻法令）。解散一切朝鮮人民團體。將朝鮮學生本位之學校改爲日本學生本位學校，使之共學。封閉一切朝鮮文報和雜誌。強迫朝鮮人參拜「天照大神」等等，各種滑稽的陰謀毒計，層出不窮。

日寇除總督府外，又新設所謂「國民總力朝鮮聯盟」，剝削朝鮮民族的血汗。在「國防獻金」，「志願兵令」，「勞汗隊」等等的名義下，強奪朝鮮人的財產，實施強制徵兵，驅使朝鮮人於東北開拓。諸如此類的把戲，殆係企圖完全滅亡朝鮮民族的毒計。

然而朝鮮民族，仍然是朝鮮民族。他們有着五千年燦爛的文明歷史，有着民族自尊心和民族意識。他們決不會滅亡於異族的。三十餘年來，繼續不斷的轟轟烈烈的朝鮮獨立運動證明了朝鮮民族的不死。

由於朝鮮民族，自然的站在反侵略民主陣線，與日寇抗爭，朝鮮的獨立運動已經不是孤立無援的。朝鮮獨立運動完全在世界反侵略戰爭的整個　略下發展着。

首先從朝鮮國內情形來說，雖然日寇的壓迫那麼厲害，可是三千萬朝鮮民族的

但這自相殘殺並不是針對着英美內包的民主勢力和進步勢力，而是針對着德意日的侵略勢力，及英美兩國所內包的侵略性；這是不可避免的辯證的結論。

這就是第一次世界大戰與第二次世界大戰所不同的地方。

此次的戰爭必然是長期的，要爭取反法西戰爭的最後勝利，必須要同時動員殖民地，半殖民地及弱小國家。就是說，必須要動員現在的九個流亡政府，印度，菲洲，南洋，近東各地的民族以及佔全世界十分之六以上的民衆才能澈底的毀滅法西強盜的淫威！

就動員人力與物力方面，首先於經濟上，動員土著民族的物質力量，再予以政治上的自由，加緊訓練與組織動員全民族，給予武裝的自由及軍火的接濟，以加強自衛力量，同時摒棄文化麻痺手段，以圖謀土著文化的向上，使得在文化之相互交流中解除過去的一貫惡感，這樣才能加強反法西的力量，防止第五縱隊之滲勢力，消滅法西強盜。

動員弱小民族，尤其是在法西鐵蹄下之各弱小民族，必須準備承認各民族的獨立，只有在這種條件之下，動員弱小民族方有可能。萬一只顧本身的利害而不顧弱

反日復國情緒，却益增强，革命已到了一觸即發之勢。朝鮮國內各地不時的發生着的各種反日暴動，給予敵人以重大的打擊。所以朝鮮國內反日革命運動，在提倡激後的實義上，有着很大的作用的。其次海外的朝鮮革命運動，也有不可忽視的力量，尤其在中國活動的朝鮮義勇隊和東北的朝鮮革命軍，都是很寶貴的特殊力量。

總之，朝鮮革命力量是在太平洋戰爭發展過程中戰勝日寇的一個有力的因素。如果同盟國家能放大眼光，給朝鮮革命以實際上的援助，朝鮮革命勢力是可能破壞和阻撓敵人的繼續前進，在將來必能協助同盟國正規部隊反攻。

朝鮮民族是絕對需要獨立和解放的。這時正是爭取自由和解放的良機。自從中國發動民族解放戰爭以至這次太平洋戰爭爆發後，朝鮮民族更深切的了解他們今日所處地位之重要。這時她不僅要積極的起來爲謀朝鮮民族的獨立而鬥爭，同時必需要負荷這世界眞正和平的一部分責任。

最後讓我們站在被壓迫民族立場上，謹向英美人士說幾句話。自從太平洋戰爭爆發以後，世界被壓迫民族都願意將自己所有的力量貢獻於反侵略民主陣線，而這種現象可說是保障戰勝敵人的決定條件。在這時英美當局應該拋棄對太平洋各被壓迫民族的舊觀念，重新釐訂其民族政策，以打擊敵人的提援宜傳，增强自己的抗戰力量。

最近報上看到英美人士討論戰後遠東問題，對朝鮮問題似不甚注意。這不僅不符羅邱宣言上的精神，而且會引起朝鮮民族的誤解。羅邱宣言中「尊重各民族自由，決定其所以賴以生存之政府形式之權利，各民族中此項權利有橫遭剝奪者，兩國均欲使其恢復原有主權與自主政府。」這一段，是說明了尊重各民族的獨立自由。英美當局，應從新認識朝鮮民族，看重他們的力量，援助他們的革命運動，使他們配合英美主力作戰，加强對敵人的打擊。

同盟國家，對於被壓迫民族的獨立運動將採取怎樣的態度呢？我們以爲：第一，原則上應完全承認各個民族的自由獨立，特別是同盟國戰爭的旗幟上鮮明地表示着「民主自由」，情理上也不應該遺棄他人的民主和自由。其次對軸心國家作戰的戰略與政略上，也應該爭取這些全世界被壓迫民族站在自己的陣線上，以充實自己的戰鬥力。尤其是軸心國之一的日寇的作戰力，是完全依賴壓榨她的殖民地民族的膏血而來的，因此同盟國對被壓迫民族的政策，應招致和加强這些殖民地民族對日寇的離心，而促成日寇的敗亡。所以我們希望民主的同盟國家特別是英國，急須確定對被壓迫民族的政策，具體的，有效的保證他們在戰爭中和戰後獲得絕對的獨立。

至於一切被壓迫民族，對着現實應有很清楚的認識，尤其是對於太平洋戰爭中自己所負的任務，更應了解和執行，那末在新的光明的世界的廣大基礎上，一定可以建立被壓迫民族自己的永久的幸福和自由。

小民族的利害，必定會產出不好的結果。

總之，現在已不是少數民族壓迫多數民族的時期，而是各民族携手站在平等的地位，打倒法西斯，爭取自由獨立的新階段。

全世界各弱小民族一致團結起來，迎接來日的勝利。

——完——

關內運動的特殊任務

王通

在今天朝鮮民族革命力量的一切準備，遠落後於革命客觀環境的需要，無論在軍事，政治，經濟，文化，幹部各方面都還沒有充分的實際力量。這事實，時刻使得我們朝鮮革命者感到本身努力的不够。

今天朝鮮民族所處的國際環境，並不是像亡國前後，「三一」大革命運動，滿洲獨立軍運動，或者「九一八」事變後那樣困難的時代，而是對朝鮮民族解放運動空前有利的新的時代，這有利的國際環境已演出了新的事實來給我們看：德日意法西斯鐵蹄下已被奴役和受威脅的全世界很多被壓迫的國家和民族，已經以實際力量與中英蘇美等反法西斯國家聯繫的攜起手來參加解放戰爭了。在這個新的國際環境中同樣向我們伸出同盟的手來要求併肩作戰，但「一切的準備遠落後於革命客觀環境的需要」，這是不可否認的鐵的事實－當然這並不是說，因爲「一切的準備遠落後於革命客觀環境的需要」而主張拒絕攜同盟的手，或主張反對「并肩作戰」，或停止要求參加世界範圍性的一切會議。相反的，我們現在也要求以熱烈的手來握同盟的手，我們堅決的主張以「有多少力量就拿出多少力量」來參加到「併肩作戰」的戰鬥序列裏，更要求以完全平等資格來參加世界性的一切會議。但這裏我們決不要忘記：「加強準備」的實際工作。祇有有了雄厚的革命力量，才能給世界反日反法西斯友邦發揮更大的幫助作用，更有效的打擊敵人，而且只有把今天的世界戰爭勝利的結束之後，才能保障民族的徹底獨立。

朝鮮民族獨立運動，自亡國後，至今天三十餘年長久的時間當中，成千成萬的優秀民族先烈，繼續的，不怕犧牲的，前仆後繼的爲民族獨立而流血了，這血的革命火炬一天也沒有熄滅－但直到今天還沒有組織起大規模的政黨，還沒有建立起一支堅強的軍隊，來給敵人致命的打擊，來徹底保障民族獨立事業。這雖然一大半由於朝鮮民族所處的環境客觀條件的限制和障礙而來，但也不能不歸咎於主觀上的各種錯誤和不足。

但是，雖然朝鮮民族所具的客觀環境的艱苦和各種錯誤使「革命的一切準備遠落於革命客觀環境的需要」，決不要因爲今天的「現狀」而失望悲觀，而且應以最大的毅力來改造困難的環境，以不斷進步的態度來克服一切的錯誤，不但要把力量的準備趕上客觀需要，而且更要超過客觀需要，這是我們今天所應抱的態度和決心。

朝鮮革命的中心在國內。朝鮮革命的決定力量在國內，但這並不是說：應該忽略和輕視中國關內朝鮮革命運動或減低關內運動對整個朝鮮革命運動的重要性和比重。相反的正由於朝鮮國內革命的特性－－在被日本法西斯軍閥殘酷的壓迫和摧殘之下－－而使關內運動的重要性和比重更大了。在國內不容易以及不能執行的特殊任務都落在關內（廣泛點說：海外）活動的我們肩膀上。

我們必定要徹底的勝利的完成整個朝

鮮革命運動所賦予我們的特殊任務！以加緊這個工作來迎接將要來的新的局面吧！

那麼在國內不容易以及不能執行的特殊任務是什麼？又怎樣來進行呢？

一、建立武裝隊伍

建立武裝隊伍是關內特殊任務之一。朝鮮義勇隊，是在關內建立武裝隊伍的組織者之一，是團結朝鮮革命羣衆的旗幟。

義勇隊目前工作的中心，放在爭取和組織敵後朝鮮羣衆的工作上面。在前方的全體同志們都已深入到敵後去不怕一切的困難正在積極開展工作中，這是踏進了更艱苦的新的階段，同時也是接近了勝利的光明的第一步。為了爭取和組織敵後朝鮮羣衆，而向敵後發展工作，在目前工作路綫，是非正確的而且唯一勝利的路綫，是正確執行關內特殊任務的初步步驟。

為什麼說是非常勝利的路綫呢？因為我們都願意犧牲自己的一切來把今天的義勇隊很快的壯大和鞏固起來，使能成為戰勝日本法西斯的一支強大的力量，同時最同情和幫助我們的一切國際戰友們，亦是同樣的希望着把這一支力量很快的壯大和發展起來爭取朝鮮民族的徹底解放。為了執行特殊任務，為了要完成「建立武裝隊伍」，如果沒有廣大的反日朝鮮羣衆，直接參加義勇隊，是沒有法子完成這個任務的。那麼這樣廣大的朝鮮羣衆是在那裏呢？祇有在敵後，更確切點說：他們都在敵人槍刀直接統治的地方，在強迫和欺騙之下過着生活，因此我們要爭取和組織他們，必須把工作向敵後發展。只在華北一帶說，已有約數十萬（東三省的二百萬不算在內），還有華南、華中各大城市、沿海大約有十幾萬人，而且正在那裏繼續不斷的增加中。雖然敵人的強迫封鎖和欺騙的手段，無論怎樣厲害和巧妙，他們始終是朝鮮人，而且已經被敵人的壓迫和榨取到了不可形容的地步，中華民族的神聖戰爭，已打下了勝利基礎，當此世界反法西斯國家包圍中，法西斯國家日見陷於孤立的民族，使他們必然的很快的走到革命路上來。

其次，為什麼說向敵後發展是一件艱苦工作呢？正因為：

第一、朝鮮革命羣衆都生活在敵人直接統治下的地方——已佔領的城市、鐵路沿線據點，而不是像中國人民一樣在敵後遼闊大空的游擊區里過地生活，因此如不通過敵步哨綫，如不冒險進入敵人里面，就不能從敵人手里把羣衆爭取過來。

第二、由於革命力量還不夠強，給朝鮮羣衆的政治上的鼓勵力和吸引力不十分強烈，因此使廣大羣衆不能果敢的參加到革命隊伍里來。

第三、目前我們還沒有充足的經濟力量，並因受一些客觀上的制約，而不能十分發揮瓦解敵軍，爭取朝鮮羣衆的工作技能。

當開展敵後工作時，應要克服兩種容易發生的不正確的概念。

第一、要克服「速效」觀念。有人不曉得和不願意正確估計敵後工作的困難，而且只誇張的妄想着，一到敵後羣衆就會成羣結隊過來，在很短的時期內——就成為一支雄偉的武裝隊伍。這種對事業上的勝利信心和高度的勇氣，是非常好的，而且值得我們發揚，但決不應該忽略和忘記：勝利的信心和勇氣，要建立在對於工作環境和對象的正確估計與細密的計劃基礎上，才是真正的勇氣和信心。所以抱着「速效」觀念，跑到敵後去開展工作時，如果一碰到困難一遭遇失敗，那一定會失望灰心起來，不能夠堅持工作。

第二、「缺乏自信心」的觀念。這觀念是由於數十年在關內非常困苦曲折的不少數的革命運動的歷史和存主觀上對革命的不堅定性而來的。抱着這種觀念的人，沒有勇氣去相信建立武裝隊伍、輕視與不相信關內革命運動特殊任務的重要性和無限光明的勝利的前途，在他們的眼光中將來也是「不過如此而已」。

我們堅決的反對「缺乏自信心」的觀念，而堅決的相信，必定能夠建立武裝隊伍，以能完成武裝運動的特殊任務。抗戰前的那個時候，日本法西斯軍閥的干涉和壓迫仍然加在在中國活動的朝鮮革命者的身上，而他們卻是在隨時被捕的危險之下苦鬥着，大馬路上公開或秘密的在中國領土內被敵人逮捕去的同志不知多少！秘密辦的各種訓練班，在敵人壓迫或破壞之下每每被迫關門，因之我們的主張不能向朝鮮群衆公開的號召，使他們參加到我們的隊伍里來。

同時那個時候，我們現在是在「群衆恐慌」的「孤島」里苦鬥過。如果沒有群衆的基礎和參加，是不會使革命隊伍鞏固和長大起來的。抗戰前雖在華北、華南的大城市里，有了相當數目的朝鮮群衆，但他們大部分都是流動性大的商人層，而革命素質也薄，因而不容易擴大組織，不容易開展工作，使我們的運動很久時間像停留在同一範圍、深度、幅度上，而徘徊在悽慘的苦悶氣氛，在黑暗的低氣壓的壓榨之下呻吟着，苦鬥着。

隨着偉大中國抗戰的發展與深入，給我們從基本上掃清了關內革命運動前途路上的障礙，突破了桎梏，開闢了新的局面——政治環境的改變和大批優秀的愛國群衆流浪到中國來。

我們現在已公開的高舉起反日反法西斯的旗幟，發出憤怒的呼喊，來激起朝鮮群衆的民族怒憤！因此建立武裝隊伍是有可能條件而且一定能完成的！這就是關內特殊任務之一。

二、爭取國際外援

朝鮮民族解放運動是全世界革命運動的一部分，並不是孤立的，而是互相密切聯系着的。

朝鮮民族的解放，雖然主要是依靠「自力更生」，但一刻也不能忽略爭取國際外援的重要性。如果祗只靠「自力更生」，爭取朝鮮民族的徹底解放，是非常困難的一件事情，甚至於是不可能的事情。古今以來世界上一切民族和國家的解放出來的成功，沒有一個不爭取國際外援，尤其是以今天朝鮮民族所處的環境和主觀上的力量來講，儘量的去爭取國際外援，具有特別重要的意義。

目前在國內敵人的殘酷壓迫下，爭取國際外援非常困難，而且可以說不可能。爭取國際外援的一切路線都已在敵人嚴密的封鎖政策之下被切斷了，但在中國尤其在中國政府統治的此地，爭取國際外援是絕對有可能性的。在今天全世界分爲兩個陣營進行決鬥之國際新形勢之下，我們爭取它的可能性和範圍也比從前增加，而且正在那里繼續發展之中。

過去我們的革命運動，談不到爭取國際外援。因爲我們沒有經濟基礎，不僅不能活潑的開展工作，而且維持最低限度的生活都困難。「朝鮮革命者和窮」是有名的。窮始終是像影子一樣，跟在他們的後面，威脅着他們，絆住了他們前進的脚。

當然我們朝鮮革命者和全世界各國革命者一樣不怕「窮」，但決不能滿足於僅維持最低生活的現狀，相反的，爲了積極的開展工作，現在很迫切的需要大批的經濟援助。我們不但需要大量的援助表現於經濟上，而且還迫切的需要政治、軍事、技術上的援助和人材。

對於過去和現在中國政府和中國民族對我們偉大的同情和幫助，表示無限的感謝，希望今後以更多的數量，和更深的程度來繼續幫助我們的反日反法西斯工作。

當在英美蘇以及全世界被壓迫民族團結得像一個人一樣，進行獨立自由戰爭的今天，目標和利害是完全一致的。所以朝鮮民族也應以更多的實際工作成績，來爭取更多的國際外援，同時熱烈的希望着中英美以及其他友邦給我們大量的軍事、政治、經濟、人材方面的幫助！

同時我們知道！國際外援與民族獨立性並不是矛盾的對立的東西，我們民族獨立的活動，決不會由於有國際外援而減弱，相反的，革命的國際外援是更加保障和擴大被外援民族的獨立性。

中國政府，在過去和現在始終對朝鮮革命運動予以幫助。而因爲這幫助是好意的，革命的，同情的，所以始終是尊重我們民族的獨立性，幫助我們去積極的發揚民族獨立性，同時關於這尊重民族獨立性上，一切民主國家是和中國政府一樣的。

我們堅決的相信，中國以及一切民主國家，今後對我們的援助是比過去和現在更大更具體，同時給我們做這的機會去發揚民族獨立性！來計劃和佈置反日反法西斯工作的。

三、宣傳工作

第一、介紹國內情況和革命運動。

現在國內朝鮮文報紙，雜誌都已被強迫停刊，各文化機關被封閉，文化人幾乎全部被逮捕，通訊，無綫電都在嚴密檢查封鎖之下。所以國內朝鮮民衆在敵人鐵蹄下過牛馬生活的悲慘的情形和反抗日本法西斯鬥爭的可歌可泣的英勇故事，都不容易而且幾乎不可能向外洩漏出來給全世界同情我們的民族知道。因此今天各國人士。知道朝鮮詳細的具體情形的很少，甚至於不但知道得很少，而且上人欺騙宣傳的當，曲解朝鮮情形。因爲這個緣故，今天應該很迫切的認識我們有把國內民衆過牛馬生活的慘痛情形和反抗鬥爭的英勇故事，有系統的、正確的，向友邦人士介紹宣傳的必要。

國際宣傳在這種情況的影響之下，不但不能把國內的一切真確的情形，做到有效的報導，甚至在海外革命運動的一切材料和故事也直到現在還沒有詳細的徹底的宣傳過。

第二、號召國內羣衆。

正如全世界友邦人士，不會知道朝鮮國內真確情形一樣，在敵人嚴密封鎖之下，在敵人欺騙。誇張宣傳影響之下，國內朝鮮羣衆也不容易正確知道中國抗戰和反法西國家抗戰勝利的消息以及在海外朝鮮革命運動進行情形。

在目前的形勢之下，這個宣傳的工作——介紹國內情形和革命運動及號召國內羣衆的艱巨工作，完全依靠我們這里的人們來負擔起來。

革命運動如果不注意和忽略宣傳工作，那就不會有成功的。我們爲執行宣傳工作，必須大批的須要和培養有能力的文化的，藝術的人材，來不但以小冊子，新聞，雜誌，而且進一步的以小說，詩歌，繪畫等方式來宣傳。

敵人壓迫朝鮮民族的事實和程度是無可形言的。我們反抗敵人的英勇故事是說不盡的。這無可形言的，說不盡的事實，都等待着我們這里的優秀的文化人，藝術家去處理！

因此，宣傳工作是關內特殊任務之一。

四、培養幹部

「幹部決定一切」。的確幹部是比什麼都寶貴。如果朝鮮民族獨立，沒有大批的有能力的幹部是不會有成功的。可是朝鮮國內在野蠻的敵人的殘酷政策之下，大批優秀革命幹部，幾乎全部被逮捕，被害，同時繼續的培養幹部，也是極不容易的。

一切的革命團體，在國內不但不能公開的存在，而且即使秘密也是在極惡劣的環境之下堅持革命工作，同時在那全部的朝鮮文刊物，文化團體一律被封閉，限制朝鮮人學生入學，禁止教朝鮮歷史，朝鮮文，加緊奴化教育，不准擅出國境等等的「地獄」裏，培養優秀的革命幹部是非常困難的。

但在海外尤其是中國政府統治下的此地，培養優秀的軍事、政治、文化、藝術、技術幹部是有可能，而且一定可以的。只要是有了大批的優秀青年，那培養幹部的實際工作的機會與學校是數不盡的

過去和現在我們在中國政府幫助之下，已辦了幹部學校，同時在中國各種軍事，政治，文化，技術學校裏，培養出了不少的幹部，而且更有很多參加到中國後方的各機關，或者前方各部隊裏去，他們在實際工作中，作戰中，已鍛鍊了革命意志，學習了寶貴的軍事政治知識和管理方法。尤其是在義勇隊三年的工作中，大大的提高了幹部的水準。

因此，培養幹部是關內特殊任務之一

五、直接參加國際反日反法西民族集團

在國內，與國際反日反法西集團建立直接和密切的聯系雖然不可能，但這個任務在海外現在是已達初步的做到，而且將來是一定更要鞏固和擴大的。

只有與世界一切國際反日反法西斯集團聯合起來，方能夠爭取朝鮮民族的徹底解放。如果朝鮮革命運動孤軍獨戰，而不與國際革命力量緊密的聯系和團結，便沒有勝利的希望。

朝鮮民族解放運動是全世界爭取獨立自由革命運動的一部分，並不是孤立的，而是互相密切聯系着的，我們要跟全世界反德意日法西斯國家和人民革命運動攜起手來，因為只有這樣才能保證朝鮮民族解放運動的徹底勝利。

因此，直接參加國際反日反法西斯民族集團是關內特殊任務之一。

如上所說的五點是目前中國關內運動的特殊任務的最基本的最重要的任務。

我們今後希望全體革命同志像鋼鐵般的團結起來，在中國政府以及各民主國家的援助之下，為完成這五點特殊任務而奮鬥到底！

二月一日在渝

悼葉鴻德同志

達

死本是人生行程的歸宿，誰都免不了死，但鴻德同志的死，實在出乎我們的意料之外的。三十未滿的一個青年人，尤其在朝鮮革命前夜，遭到了這樣的襲擊，這損失，對於我們，對于我們的祖國，是多麼不可彌補啊！

鴻德同志是朝鮮義勇隊最能幹的幹部之一，是朝鮮民族革命黨的中心人物之一。去年×月中旬，他率領了朝鮮義勇隊一分隊由渝赴前方，路經洛陽，以辛勞致疾，竟以不起，死於洛陽××醫院。他是為中國抗戰而死的，是為祖國革命而死的。

鴻德同志學問極博。他畢業於朝鮮京城帝國大學預科，中國中央軍官學校，政治和軍事自是他的本行。後來研究新哲學，社會學，政治經濟學等均卓有成就。特別在中國抗戰後數年他更有驚人的進步。在理論方面，在實踐方面，他是最有成就而且最有希望的青年幹部。

鴻德同志，看來是那麼從容，機警，冷靜。但在日常生活上和人接觸，他都能把他清瑩潔白，和藹慈祥的心坦露出來任憑你看，做到彼此間不再有一點戒備和隔膜。他冷靜中包藏着溫暖，凡與他接觸過的人，他都能至誠的誘發你的熱情，使你的靈魂好像在熊熊地烈火中燃燒着一樣。所以在他的處事接物上，都受到朋友們的愛護。

鴻德同志是力求進步的青年革命者，他始終不倦的學習精神和態度，是值得欽佩的。正確的理論，流利的文筆，深刻的觀察，精密的分析在在都是值得我們向之學習的所在。尤其是他的革命熱情和革命修養，更使我們應向之學習。鴻德同志自獻身於革命以來，始終不斷地與惡劣環境搏鬥，在戰鬥的環境中，認識和把握環境的全部規律，所以在任何變化面前，却能修容自如。這些都是證實了他深厚的革命修養。鴻德同志之所以死於行軍中，是因為處於革命責任之重大，熱情被控制的結果。總之一個最忠實於祖國解放的革命者，是朝鮮革命青年的典型。

無情的死，使得鴻德同志和我們永訣了。但鴻德同志的遺績，却永遠烙印在他一生革命的歷史篇章中，永遠縈繞在我們的追憶中。鴻德同志的精神永遠不死。

哀悼我們親密的戰友葉鴻德同志

王菲

昨日捧酒醉　歸來淚滿襟
吁嗟吾好友　一逝不復歸

耿耿慟哀思　痛我好戰士
嘉陵一夕別　竟無再見時

千呼君不應　生容歷在前
壯志猶未償　何以對英靈

편즙겸발행 조선의용대후원회
간행 매월一회
의용보 義勇報
三월號 데三호
KOREAN VOLUNTEERS NEWS
1817 WEST JEFFFERSON BOULEVARD
LOS ANGELES; CALIF. U. S. A
당가 매부십전
판 一九四○年三月十日

□중한민중동맹단 사업과 우리혁명운동

✤그 단의 유래와 사업

발서 약八년전일이다。 당시 림시정부 각원중 하나이든 김규식씨가 하와이에재류 할때에 우리혁명운동에는 중한민중이 합작하여야된다구 력설한바잇섯다。 그때에 그 의견에 동감하든 멋사람이 합하야 한 단체를 조직한바 그것이 곳 중한동맹단의 시조이엿다。

창립이후 지금까지 표면상으로 유야무야간에 약八년간 지나오는중 특별한사업으로는 하와이 왜놈의 비밀활동을 그대표한길수씨가 간단업시 정탐하야 미국국무성에 보고해주는것이엿다. 이는 곳 태평양이편에 확장되는 왜놈의잠세력이 미국국방상 엽종의 위험성이될것을 미국당국에 알게하야 한편으로 왜놈의세력을 진압하게하는 동시에 우리독립운동에대한 미국의동정을 구하기위함이다。

✤와싱톤진출의 동긔와 목적

이상에말한 七년동안의 탐정보고는 미국 상하의원들의 감사와 호의를사을개될샌만안이라 그들이 자진하야 멋천원의 상급새지주기로내정하고 한씨의게 얼마나요구하느냐고 무를바잇섯다. 이재 한씨는 두가름길에서 비상한 유혹과 싸호게되엿나니 곳 멋천원의 상급을밧어가저고 안락한살님을살어볼가 혹 개인문제를떠나서 우리민족전체의재리로운 그무엇을 요구해볼가 이 두가지문제에서 그는 단연히 상급문제를거절하고 우리민족 독립운동에 동정해주기를 청하엿다한다。

멋천원의 상급을주면 그만으로 생각하든 그들의재는 한씨의요구가 천만외외이엿다. 엇던이는 그의미쏫차 몰낫다한다.

그러나 결국 충분한댱해가생기여 一九三九년국회에 아모표욕 참여케하여달나는 요구와 겸하야 한씨의활동에 편의를 도모해주라는 공식소개장까지 주엇다. 이것이 곳 진출의 동긔이다。

왜 미국국회에 참여하려는가? 그목적은 대개 세가지어니 첫재는 원동평화를 위하야 한국독립어 필요하다는 공식결의를구하려함이며 둘재는 마국에서 생장하는우며 청년들을위하야 상당한직업을 마련캐하려

본호목차

(二)

합이며 세ㅅ재는 한국서건너온 우리학생의 재당분간 거듀권을 주재하려는것이다。

(이세가지 조건에 련결된 여러문뎨는 독자의판단에 맛기고만다.)

⚜ 활동의 영향

와싱톤 활동을개시한지 발서 일년유반에 이상 세가지목적을 아직ᄭᅡ지 성취하지 못한것은 사실이다. 그러나 과거一년나마에 안과 밧그로 싸하노흔 그의사업은 우리민족 해방운동사에 특셔할만한것이 만히잇다。

첫재 밧그로는 수쳔명의 세재정객과 직접회담. 수쳔장의 정보편지. 수백번의 뢰디오연과. 수천곳의 클넙. 사회. 교회. 청년회. 학교강단을 통하야 우리민족이 자유를 위하야 싸호는사실. 일본이 원동과 세계평화의 원수인것. 일본의재 군수품을 팔지안어야된다는 사실을 유력히 선뎐하엿스며 그로조차 우리문뎨는 한미조약에 근거하야 미국의책임상문뎨가 될ᄲᅮᆫ만안이라 한거름 더나아가 세재인루문뎨중 하나이됨을 세객에 알게하엿다。

둘재 안으로는 동포사이에 ᄯᅩ한 비상한 자극을 준것이 사실이다. 처음에는 별노 동졍을 밧지못하엿스나 졈々 그사업의영향이 밧갓에 커짐을ᄯᅡ라 새로운반옹을 일우재되엿나니 곳 하와이에는 그단의회원이 늘어서 수백명에달하야 와싱톤활동의 경비를 분담할ᄲᅮᆫ안이라 그단을대표한 선전지ᄭᅡ지 속사판으로 긔록해서 내여놋키시작하야 지금ᄭᅡ지 五十여호에달한바 처음에는 매호발행부수가 二三百에 지나지못하든것이 지금에는 천여부에 달하재되엿스며 미주대륙에도 동졍하는동포가 곳곳하 생기여 졍신과물질노 옹원하재되엿다。

⚜ 결론

태평양이편에 방탕의생활을 보내면서 조국의광복을위하야 조직된 우리사회중에 그력사. 회원. 실력이 즁한민즁동맹단보다 수백배 우승한단체가 만히잇다. 그러나 우리민족의 해방만을위하야 원대한정견과 실재뎍방법을 세우고 세재의긔세를ᄯᅡ라 즁협한 난관을넘어 외교전선에 돌진하기는 오직 어려고약한 즁한동맹단ᄲᅮᆫ이니 이는 긔성단체의 끈한잠을 깨워주는 혁명의종소래요. 배달민족전체의 재생을증명하는 대언자이다.

이점에서 솟는해 지는달과함재 즁한동맹단 회원전체와 그디표 한길수씨의재 공손한 경례를 보내고 ᄯᅩ다시보내여 마지안이한다。

사랑하는 즁한동맹단 동지들이여!

지금ᄭᅡ지의 성공으로 만족을삼지말고 최후의 성공ᄭᅡ지 마음과 물질을뭉쳐서 혁명의쳬단에 밧쳐보라. 그단의사명과 사업에디한 외의를 다시인식하라. 곳 원동의평화와 우리혁명을 성취하는데 할수잇는데로 도아보려는것이 그사명이요 사업이다。

우리동포전체가 아직ᄭᅡ지 일구동성으로 후원치안음도 원망치말고 다만 시종여일하사업에힘쓰라. 「천국은 힘쓰는자가 엇나니라」

목전에 큰성공이 보이지안는다고 낙망하지말것이다. 개인의일은 몃해의상관이나 민족의일은 몃대를 상관하느니라.

만일에 불여이하야 실패된다하더래도 실패할적마다 새용기와 새결심으로 다시일어나거라. 이것은 곳 인류혁명사가 가르쳐주는바 금언이요. 교훈이다。

원수일본은 지금 침략의 무거운짐을 걸머지고 자멸의 수랑풍에서 허덕이고잇다 한낫희망이든 외교외서광조차 거문황혼에 잠기여들고 아득한졍재에는 긔한외원한이 폭풍처름 불오간다。

우리혁명을위하야 최후돌격할「써ㄱ낼」은 이에 온듯하다. 어최후돌격을위하야 세재에흐터진 우리혁명군을 다시편성할필요가 잇나니 중한동명단이 이새로편성할 혁명전선에 분명코 그중요한디위를 차지케되기를 밋고바란다。

끗

□최근 일본의 위기

一九三七년 七월칠일에 개시된 중일전쟁은 임의 二년八개월이 지낫다. 、전쟁후 일본의위긔는 각々으로 급박하여젓나니 이제 일본의 몰락정형을 살피고저한다。

一. 정치뎍 방면

개전이후 일본의내각은 세번이나 와해되엿다. 즉 근위내각 평소내각. 아부내각 등이다. 이와갓치 내각이 넌하야 와해되는 리유는 물도 그내각의무력함과 복잡다단한 내외정세에잇음은 다시말할필요가 업거니와 이제 그주요한 원인을말하면 내정문데에잇는것이다。

이제 그구체뎍 조건을 말하면.

一. 군사비가 충실치못한것

二. 국민에 전쟁의식이 철뎌하지못한것.

三. 경제력이 부진하는것.

四. 전시 국민생활의 불안. 등이다.

그밧재 군부와 정당파의 세력쟁탈전은 나날이 심각하여가는중이며 따라서 문. 무관의질서를 혼동하야 피차에 권리침범을하며 싸우고잇다. 그래로는「무역성」을 신설함에대하야 불만을가진 외무성에서는 수뢰자이하 일재히 총사직을 뎨출하야 권리침범에대한 불만을 폭발식힌것이다。

이와갓치 내정은 나날이 어즈러워가며 정치뎍 자멸에길을 밟고잇는것이다。

二. 외교방면

원래 외교에잇어서는 일본은 무능한자라. 특히 중일전쟁이후에 국제외교는 모도가실패에실패를 거듭하엿오나 이제그대략한것만을 보려고한다。

몬저 중국파의 외교는 엇더한가?

사변처머에 단서를 일흔동시에 장개석씨의 장기전법을 두려워하는 일본은 국민정부에 수차 화평매의를 간청하엿으나 국민정부로부터 거절을당하고 중국으로하여금 소련과 군사협명을 일우게하엿다.

영국파외 외교는 엇떠한가?

영국은 구개국조약을물어 일본의 불법행위를경고하는동시에 위협중협을발하고 영일동경회담에잇어서는 일본은 영국외교에 속고 말엇다.

미국파의 외교는 엇더한가?

미국은 영국파갓처 일본의불법행위를 두번이나 경고 홍협하며 대서양에잇는 태평양함대를 태평양으로 도라오게하야 일본을뎍대시하는동시에 작년 칠월二六일에 나로러서는 미·일항해통상조약 페지를 일본의게 통고하엿다.

그밧재 덕국파의 외교에잇어서는 군사동맹쌔지 채결하려고 사내·대각 두대표를 덕국으로 보냇오나 대표가 백림에도착되자전에 덕국은 소련파 불가침조약을 몬저 체결하게되니 이외교는 일본으로서는 완전한실패라고할것이다。이와갓치 일본의외교는 실패하야 세계렬국의포위상태에잇는것이다

□원동소식

□ 작년가울에 통일운농이 실패한후에 다시 중경에서 관내 칠당합동공작이잇엇으나 중요한원인은 정치뎍견해와 주장이 일치하지못하야 또다시 실패하엿다하며 일부에서 각단체는 그대로두고 개인본위로 각단체의 당원을 망라하야 통일당을조직하자는 운동이잇엇스나 그도 성립되지 못하엿다고한다

□ 우리의용대본부는 중국광서성 재림에 이섯스나 금번 중경으로 옴겻다하며. 소위 지원병으로뽑펴서 일본군대에 가입하야 출전하엿던 한국청년들이 자발뎍으로 우리의용대에 오는이가 계속하여잇다고한다.

그럼으로 일본군대에서는 우리의용대가활동하는구약에는 조선청년들을 보내지안는다고한다。

□ 우리의용대에서는 지금 한국청년을 대량으로 뽑아서 중국전선으로 출전하는긔회를 리용하야 그청년들을 도라오게하기위하야 대활동중이라한다.

(四)

三. 경제덕 방면.

장기전법을 예상치못하엿든 일본은 드디여 벌서 경제덕위기에직면하야 자멸상태에 빠지고잇으니 이제 그원인을 말하면.

一. 생산력이 감소되는것.
二. 소비가 만아지는것.
三. 뇌동력의 불합리한것.
四. 국재무역이 부진하는것.
五. 국재위태가 써려지는것.
六. 공채를 소화식히지못하는것. 등이다.

이제 금년도 일본의 국비예산을보고 일본경제의 몰락상태를 해부해보자.

금년도 예산총액 百三억六천만원.

군사비 륙군 十二억 七천九백만원.
(전년비 二억칠천구백만원 증가)
해군 十억二천八백만원.
(전년비 四억八천만원 증가)
림시군사비 四十四억 六천만원.
총계 六十七억 六천만원.
(전년비 三억상천五백만원 증가).

그러면 일반회계예산계산 五十九억원과 림시군사비 합계 百三억六천만원에대해서 군사비는 六할五푼二리가된다。

그러면 이와갓혼 막대한금전이 일본국고에 잇느냐?

금년 예산정세총액 三十二억二천五百만원
금년도 공채발행예정 三百억원이다。
즉 공채로서 국비를 충당하려고하는것이다

이제 이공채의 리자지불만하여도 매년 十억원이상이니 공채리자지불은 엇더케하느냐? 이것은 또 백성의게 중세해서 갑호려고하는것이다. 여기에 일본경제의 몰락은 잠재하고잇는것이다。

이제 일본에 돈이 얼마나 발행되엿는가
(一九三九년 묘사)

[통화] 일본은행권
三十三억륙천륙백十칠만구천원
조선은행권
四억五천삼百칠십二만一천五百칠십륙원

[보조화폐] 一구三八년 칠월에는 一千만원에 불과하든것이 一구三구년十월에는 一억八천 륙백여만원이다。

즉 순전히 전쟁전에비해서 十二억五千만원이라는돈이 공연히 증가된것이다。

이와갓치 가치업는돈을 발행하재되는 동시에 자연히 국재위태는 점々써려지재되는현상이니 이로서 일본경제의몰락을 의미하는것이며 일본국가의자멸을 증명하는것이다。 오늘 미·일 통상조약폐기가 실시된이때에 년 一억불이상에 대미무역을하는 일본은 설상가상에 어려움을 당하고잇다。

이밧게 렬국의 일화배척으로인하야 내외로 막대한손해를닙으며 머지안은장래에 경제덕파산을당할 운명에 처하엿다。

四. 사회덕 방면.

중일개전이후에 일본의 사회덕평편은 시일이 가면갈사록 암흑세계로 드러가고잇다. 몬저는 사상의 혼돈상태에 빠저서 중일된 국민의 전시의식이 업스며 또한 국민의 도덕생활에잇어서는 질서를일혼 무법천지로화하여서 개전이후 풍재를보면 사생아는 나날이 속출되고잇다。

정부는 국민의 일절생활품을 통제하기 때문에 국민의생활은 곤고와 결핍뿐이며 그반면에 국민의부담은 점々만아짐으로 국민의 생활은 안명치못하야 민심은 동요되고잇으며 따라서 정부를신임하지못하게되니 내각은 자조 변하게되는것이다。

작년에는 특히 일본과 조선삼남지방은 불의에 한재를당하야 흉년이됨으로 식량문제에 급々하고잇다。

일본 정강현에 한도시는 전부화재로말매암아 타버리고말엇다。 군인장교는 부족됨으로 금년에는 특별지원장교의 채용법을 사용케되는등 사회에평편은 나날이 심각화하여간다。

이상 정치·외교·경제·사회적 각방면을통하야 일본의 몰락은 시간문제이다。 진정한 동양의평화는 일본데국의 몰락과동시에 조선에 완전한 독립을성취하는때이니 이때는정히 동양에평화를확립할시기로다。

一九三八年十月十日 죠선의용뎌 창립긔렴사진

…폭뒤중앙에잇는이가 죠선의용뎌뎌장 김약산

□조선의용대 성립선언문

금일 동양침략자 일본군벌이 아세아를삼키고 세계를정복할 미몽으로 중국을향하야 침략전쟁을 개시하엿다。 야만잔폭한 수단으로 중국의항일중심지 무한새지 점령하엿다· 어에 중화 민족은 국가독립파 민족자유를위하야 진하야는 인류의정의와평 화를위하야 위대한 항일혁명전쟁을 하고잇다。

정히 이려한시긔에 중국에잇는 우리혁명동지들어 직접으로 항일전쟁에참가하며 또한 항전파명중에 조국독립을 전취하기위 하야 [조선민족전선련맹] 긔치하에 일치단결하야 항일최고령수 장위원상 동솔하에 중국혁명 매二十七주년 긔렴일인 [장십절] 을 긔하야 [조선의용대]를조직하니 어는 중·한 량민족 해방운 동사상에 희긔덕평영의 긔록일것이다· 二十七년전 금일은 동방 혁명령수 손중산선생이 四억五천만 중화민족의 자유 독립파 인 류의평화를위하야 긔초를명하고 다시 혁명의대업을 완성하기위 하야 세재약소민족의련합을 데창한날이다。

중 한량민족의 공동한원수 일본데국주의자들어 포악한수단 으로 조선민족혁명운동을 잔해하며 야만횡포데정책으로 중국혁 명을 조지하야 중 한량민족의 련합전선을 방해하교잇다。 중국혁명이 완성치못함으로, 조선민족을 압박착취함이 더욱심하 며조선민족이 해방되지못함오도 중국침 략어 더욱 포악함어 사 실어다· 九·一八사변이래로 일본데국주의자들이 전중국을 삼키 기위하야 수千만의 조선·대만민족파 자국내에 근뢰더즁의 고혈 을착취하야 더규모의 중국침략전을 개시하엿다。

이에 중국은 파거 一년간 중화민족령수 장위원장령도하에 일 치단결하야 영용무비한항전으로 일본데국주의자들의 아세아 병 탄의 미몽을 분쇄하고잇다· 항전중에 조선민족파 동방약소민족 은 용당 중국을도와 항전할것이다。

이러케생각할째에 금일성립된「조선의용대」의임무는 비상히 중대한것이다·

노예를원치안는 수천만조선동포여!

다갓치 우리의용대 긔치하에모혀서 일본군벌압박하에잇는 일제민즁파련합하야 우리의원수인 일본군벌을 바사버리고 동아의진정한 영구평화를 완성하자!

우리는, 광영스러운 중국「쌍十절」에 조선의용대의긔치를 놉히달고 중국형뎨들파 굿재손을잡고 필승의신렴으로 정의에 항일전선을향하야 용감히나아가 우리의신성한임무를 관철하기위하야 최후일각새지 분투하자!

중한량민족은 련합하자·

일본매국주의를 바사버리자·

항일령수 장위원장을 옹호하자·

조선민족전선련맹을 옹호하자·

중국항전 승리 만세·

조선민족 해방 만세·

一九三八년 十월十일

조 선 의 용 대

(한문으로쓴원문을 번역하엿읍니다·원문파 틀님이잇으면 역자가 책임짐니다)

□ 질의 문답

본보편즙부에 아래와갓혼 질문이 왓음으로 지상으로도 답변합니다。

一·(문·) 유·케·에쓰·나 의용대후원회에서하는일은 국민회에서도 다할수잇는데 선단체를조직하고 신문을출간하며 회관을 써로 엇엇다하니 다합동하야 력량을집중할 시긔에 분렬하는것이 온당치못한듯한대 이에뎌하야 밝히 대답하여주시오.

(답) 국민회뿐이겟읍닛싸 우리대한사람의 금일최고리상은 독립운동임으로 대한사람으로조직된 엇더한단체나 개인을 물론하고 다할수잇는일이오 또한 하여야될줄밋읍니다。 그런대 관찰파 정견이 다르다고 할새요 하여간 긔성단체에서 유·케·에쓰나 후원회에서 하는일에 착안하지안으니새 립저 일하기위하야 조직한것뿐입니다。

우리는 아모리생각하여도 이긔회에 가장중요한일은 중국을후원하는일·무장운동 일화배척·배일선전 등 공작이라고 밋읍니다. 독립운동은 일합으로만 실려을기루고 힘을엇을수 잇는것입니다. 일한중거가 업시는 최후승리는막론하고 조만간 중일단독강화가되거나 국제뎍으로 동양문뎨를 의론하는긔회에 발언권도 엇을수업는것이다.

림시정부나 모々광복단체가 잇다고해서 인증을 바들것이아니라 일한증거가잇어야 될터인대 그증거를 만드는시긔는 이시긔입니다. 사실 이시긔에 조선의용대공작이나 중한동맹단 선전공작등이 업섯드면 무색할번하엿읍니다。

또한유·케·에쓰·나 후원회는 특별한시긔에 특수한목뎍을위하야 조직된 중국항일전쟁파 조선의용대와 무장독립군에 의존한 림시뎍단결임으로 국민회나 다른정치단체와 뎌립할성질도 가지지못햇읍니다. 그럼으로 우리회에는 긔성단체의회원이나 비회원을물론하고 다합동하야 일할수잇읍니다.

현재 라성후원회원 七○인중에 국민회원 二一인·동지회원 一五인·비회원 三四인입니다。

원래 유·케 에쓰는 국민회 뎨二차 뎌표회에 일화배척강화안에 긔인한것으로 조직후 일년동안은 국민회 선전부 고문아래 활동해왓으나 그후 완찰·정견·조직상리론이 부동함으로 유기뎍련락이업시 착수한일을 계속하는것뿐이며 의용대후원회는 작년칠八월경에 유·케·에쓰의 발이로 후원운동은 긔성각단체들의 련합으로하는것이 (단체본위)뎍합하겟다는 리유로 국민회·동지회등 긔성단체에 교섭하엿으나 다거절함으로 일을 아니할수도업고 의용대본부의 요구도 잇음스로 물질보다도 정신상후원파 우리자신이 직접실제투쟁에 참가하는의식파 정서를가지기위하야 개인뎍민중본위로 조직한것입니다。 비상시긔에 일하기위하야 조직된것뿐이고 항간에 써단니는 말파갓쳐

저미한연사회를 소련케한다든지 국민회를 분렬식힌다든지 하는것은 다근거업는말이오 오해입니다. 우리는 그런관렴조차 업습니다。

유 케 에쓰나 후원회에서 그간 하여온 일은 대략 아래와갓옵니다。

一 배일 외인민중단체와 련락하야 배일집회에 대표도보내고 강사를청하야 강연회도 개최함

二 선뎐과수금을목뎍하고 반일민중대회(코리안나잇) 중국후원 무도대회 그타 강연회 급 긔렴대회등을 개최하엿고 배일 시위운동(일본령사관二차 농비취一차) 등을 실행하엿음.

三 배일선전지와 배일쎄련등을 방매 혹 배부하엿으며 중국구국회와의용대에 수백여원 후원금을 보냄.

四 의용보를 간행하야 우리의용대의 활동과 각지 독립운동정형.급독립운동리론등을 소개함

五 이밧재 매주 一차식 모혀서 의론하고 실행한 대소전수가 다 조국독립을위하야 미성는 다한것뿐이고 민족운동에방해되거나 국민회에반대되는일은 도모지 하일이업습니다. 금후에도 역시 그럴것임니다。

(七) 력량집중의 대하야는 보통 돈을만히생각하는것갓흐나 돈보다도 우리의 의식과(정서)를 독립운동에 총동원하게하는것이 선결문제인줄압니다. 이일은 일합으로만 민중의 마음을 동하게할수잇고 력량을집중식힐수잇다고 봅니다. 실례를들면 원동중국관내에 조선혁명당원들이 칠.八백명가량되는대 五백여명의다수가 의용대긔치아래 서게되고 중국국민정부 군사부 후원을엇게됨은 실제공작이 잇은싸닥이오. 중한동맹단대표 한길수씨 활동이 비록 쩔분시일이나 만흔 민중의마음을 동하게하고 수백명의후원자가 생긴것을보드라도 실제일만으로만 통일과 력량집중이 실현되리라고 밋옵니다。

의용보와 회관문데는 본래 의용대와후원회소식을 신한민보에 긔재하여달나고 루차 요구하엿고 회관도 빌녀달나고 루차 요구하엿으나 중앙상무위원회의 결의로 다 거절을당하엿음으로 불가불 본회목뎍을 실행하기위하야 의용보도 간행하고 회관도엇은것입니다。 그러타고하야 결코 신한민보나 국민회를 반대하는것이 안이고 우리의목뎍을 성취하기위한 수단과방법뿐입니다。

二.(문.) 원동잇는 조선의용대는 림시정부를 반대하는 공산당원 중심으로조직된것이고 또명수도 몃명안된다고하며 후원회도 림시정부와 국민회를 반대하는 공산주의운동이라고하니 사실입닛까?

(답.) 조선의용대는 민족전선련맹외(민족혁명당. 청년전위동맹. 민족해방동맹 민족혁명련맹. 이상四단체련합기관.)행동, 부대로 중국국민정부 군사위원부승인과협력으로 조직된바 물론 네단체중에 사회주의를 주장하는 단체도잇고 무정부주의를주장하는 단체도잇고 민족주의를 주장하는단체도잇음니다。 그러라고해서 전체를 공산당이라고할수도업고 아모러한 주의자라도 우리독립운동에 중심리론되는 일본데국주의타도와 민주공화국건설. 이두가지만공통되다면 합작할수잇읍니다. 소식을 드르면 이문데는 다 동일한견해를 가진다고합니다

림시정부를 옹호하는단톄는 광복진선(국민당.혁명당.독립당.이상세단체통칭)인더 지금싸지도 합동을노력하고잇으나 실현이 안되엿옵니다. 전선련맹측에서 림시정부를반대하는지 광복진선에서 전선련맹을반대하는지 책임이 어느편에잇는지 말하기어려우나 량편에서 다통일을 력설하는것을보아서 중심긔관설립을 갈망하는것은 사실이며 실제에잇어서는 사상경향을써라 관찰.정견.사업계획등이 다름으로 잘협동이되지안는것갓옵니다. 의용대원수는최근소식에의하면 三一四명이라고합니다.

미주 후원회에서 림시정부를 반대한일이 전연업습니다. 우리는 명실이 상합하

는중심기관이 잇으야될것을 력설하여왓고 어왕이면 림시정부가 중심이되면 조캇다는 희망도업지안엇읍니다. 동시에 중앙기관은 독립운동하는 중심기관이니만침 조선민족각당.각파를 잘통어할만한 관대한 정책파혁명용자이 실제뎍으로 잇으야되겟고민중은 그기관을옹호하는동시에 민중은 배々로 정책에대하야 공론을 데공하여야될줄압니다. 금일 민주주의시대에는 파거와갓치 무조건복종을 할수도업고 또 하기를바랄수도 업는일입니다. 一문답에도 말하엿거니와 우리는 국민회를 반뎌한일이 업읍니다. 혹 정책에대하야는 국민회회원이면 회원자격으로 말할수잇는줄밋읍니다. 또 우리중에 공산주의를 찬성하는분이잇으면 그가자기 개인자격으로 선전하는것은 금할수업는일이오.우리단체로는 공산주의를 선전한일도업섯고 압흐로도 업슬것입니다. 우리의 전해는 동포중에혹 주의자가잇어서 이나라법에 관재될만한사실이잇으면 동포의 의로는 개인을충고함은 당연하나 안인것을그럴듯이선전함은 동포의 의리상 근거업는말을 안이하면 조홀줄생각합니다.

三.(문 림시정부에서 광복군을조직하엿다하니 광복군을 후원하는것이 올치안을새요?

(답.) 아직 조직에뇌력중이오.조직되지는 못한것갓읍니다. 조직되면 물론 후원하여야될줄 밋읍니다. 의용대후원회도 입의 조직된[조선의용대]만 후원하자는것이안이오.독립을위하야 무장운동하는군대는다후원하려고합니다 그러나 우리의희망은 중국법률아래서 조직되는군대는 광복군이라고 하드라도 의용군의형식으로 싸우게될터이니 새 이왕이면 조직된의용군을 확대강화하는것이 림시정부의 정당한 정책이오 후방에잇는우리는 그러케되도록 힘씀이 올혼줄압니다。

끗

나오라

뉴욕 쇠주먹

누나야 잠쌔여라
그대여 너도오라
친척도 친구들도
배달자손 다ㅡ나오라
의용군의 라팔소래
사방에서 들니나니
그때가 이때러니
썰는피 무엇하리
무쇠팔둑 무엇하리

□본보지국주소

□뉴욕지국
LEAGUE TO AID KOREAN
VOLUNTEERS IN CHINA
5 MOTT ST, NEW YORK, N. Y

□하와이지국
MR, C. H. SHON, (손창희)
1850 PUOWAINA, DR,
HONOLULU, T. H.

□큐바 맛단사쓰지국
ERNESTO LIM, (림천택)
APARTADO, 273
MATANZAS CUBA.

이상 지국소재디 디방본보독자는 금후부터는 본보에대하야 문이할것이잇으면 지국으로통신하시오.

사고

一월에 발힝한 창간호가신년호라야 되엿을것인데二월에 발행한것이신년호가되여서 발행원파 月호가 맛지안음으로 이번호가 이월호가 될터이나 三월호라고 일홈하야 발행합니다

이번호에 긔재할 예명이던(세계뉴쓰)와 와싱톤 정재에서 온 서신 뉴욕통신은 지면관계로 四月호에 긔재 하기로 하엿읍니다

편즙부 백

조선의용대통신

인쇄일: 2025년 3월 15일
발행일: 2025년 3월 30일
지은이: 조선의용대 대본부
발행인: 윤영수
발행처: 한국학자료원
서울시 구로구 개봉본동 170-30
전화: 02-3159-8050 팩스: 02-3159-8051
문의: 010-4799-9729
등록번호: 제312-1999-074호

잘못된 책은 교환해 드립니다.
정가 300,000원